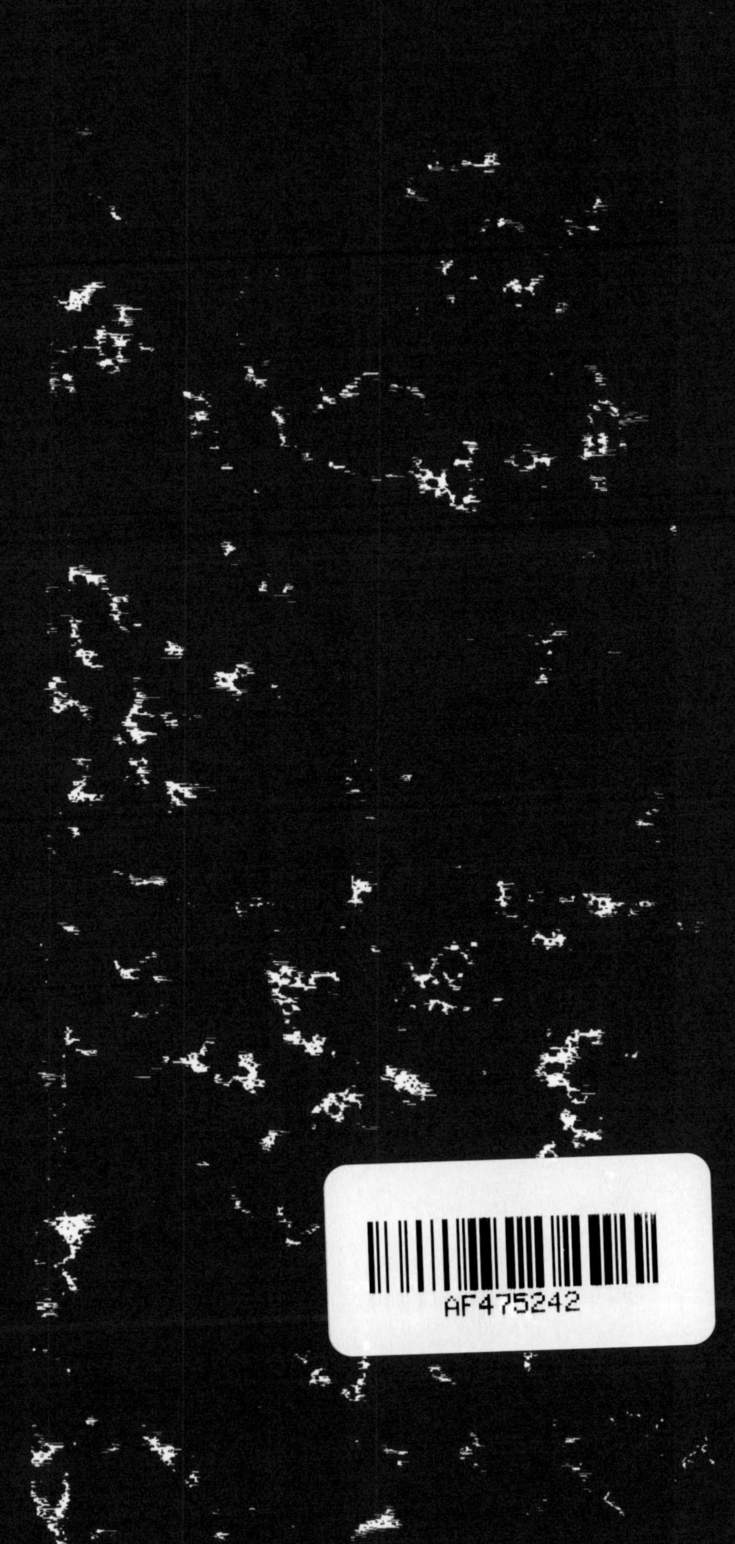

NOTICE BIOGRAPHIQUE

SUR

L'ABBÉ F. FRANCHISTÉGUY

DÉCLARATION

Pour se conformer aux décrets d'Urbain VIII, du 13 mars 1625 et du 4 Juin 1634, l'auteur déclare n'employer le titre de Saint *qu'au sens autorisé par l'Église Catholique, Apostolique et Romaine, dans laquelle il veut vivre et mourir.*

Des toujours, bien cher abbé, prenez votre vieil ami qui fait les meilleurs vœux pour que la devise qu'il rattache sans cesse se réalise en vous - sincère nimium, ardor multum; sincère et ardor perfectum.

à vous dans le Cœur Sacré de Jésus

[illegible]

FULGENCE FRANCHISTÉGUY,
né à Hasparren le 31 Mai 1809,
décédé à Bayonne le 25 Août 1882.

NOTICE BIOGRAPHIQUE

SUR M. L'ABBÉ

F. FRANCHISTÉGUY

VICAIRE-GÉNÉRAL

DÉCÉDÉ A BAYONNE LE 25 AOUT 1882

PAR

UN PRÊTRE DU DIOCÈSE

(Portrait et Autographe)

In memoria æterna erit justus
La mémoire du juste sera éternelle.
(Ps. III)

PARIS
LOUIS VIVÈS, LIBRAIRE-ÉDITEUR
13, RUE DELAMBRE, 13

BAYONNE
E. LASSERRE
RUE ORBE, 20

PAU
BERGEROT
PLACE DU PALAIS

1883

LETTRE CIRCULAIRE

DE MONSEIGNEUR L'ÉVÊQUE DE BAYONNE

AU CLERGÉ DE SON DIOCÈSE

A L'OCCASION DE LA MORT DE M. L'ABBÉ FRANCHISTÉGUY

VICAIRE-GÉNÉRAL, ARCHIDIACRE DE BAYONNE

Bayonne, le 28 août 1882.

Messieurs et chers Coopérateurs,

Le Diocèse, vous le savez déjà, est de nouveau en deuil. A quelques semaines de distance, notre second Vicaire-Général a suivi dans la tombe son regretté collègue, et du même coup, pour ainsi dire, nous perdons les deux collaborateurs que la Providence avait placés près de nous au début de notre Episcopat, ces deux prêtres vénérables, aussi dignes du respect et de l'affection du clergé que de l'estime et de la confiance de leurs Evêques.

M. l'abbé Fulgence Franchistéguy est décédé à Bayonne, vendredi, 25 août, à l'âge de 73 ans, emporté par une crise soudaine d'un mal dont il était atteint depuis longtemps. Il est mort dans la résidence de notre vénéré Prédécesseur, au poste de dévouement que son cœur avait choisi et qu'il reprenait chaque soir depuis quatre ans, avec une si attentive et si touchante sollicitude.

C'est encore une belle et sainte vie de prêtre qui s'éteint, Messieurs et chers Coopérateurs, vie de travail et de bonnes œuvres, d'édification et de zèle vraiment apostoliques. Depuis le jour où Monseigneur d'Arbou, de pieuse mémoire, l'avait pris simple clerc au petit Séminaire de Larressore, pour l'attacher au Secrétariat de l'Evêché, M. l'abbé Franchistéguy, Secrétaire ou Vicaire-Général, a porté cinquante années durant, la charge incessante du travail administratif sans autre ambition que de servir le mieux possible le Diocèse et l'Eglise.

Mais, sa tâche quotidienne remplie, avec quel empressement il se mettait à la disposition des âmes! Confessions, prédications, catéchismes, visites des malades, entretiens intimes, il allait d'une œuvre à l'autre, sans trêve ni repos, se faisant tout à tous pour les gagner tous à Jésus-Christ. *Chrétien des anciens jours, à l'âme fortement trempée, au cœur chaud et dévoué, prêtre d'une foi robuste, ardente et communicative, il semblait entendre sans cesse la parole de l'Apôtre: « Malheur à moi, si je ne répands pas la bonne nouvelle du salut:* Væ enim mihi est si non evangelizavero[1]. »

*Il aimait toutes les grandes choses qui peuvent faire battre un cœur de chrétien et de prêtre: Dieu, l'Eglise, le Pape, les Pauvres. Toutes les œuvres catholiques savaient d'avance trouver en lui un zélateur généreux et un ami. Mais il aimait surtout les âmes; il les aimait passionnément, et mettait à les diriger, à les poursuivre, à les sauver toutes les ressources et toutes les énergies de son zèle. Pour lui, sauver des âmes, conquérir et ramener des âmes à Jésus-Christ, c'était bien l'*unique nécessaire. *Des questions politiques et sociales, des intérêts essentiels des familles, il*

[1] I Cor. 9. 16.

ne savait et ne voulait savoir qu'une chose : le salut par Jésus-Christ! C'était un homme de Dieu, Homo Dei.

Aussi, Messieurs et chers Coopérateurs, la mémoire de notre pieux et zélé Grand-Vicaire demeurera-t-elle en bénédiction. Nous en avons pour garants, la douloureuse émotion qui accueillit la nouvelle inopinée de sa mort, le concert de louanges qui s'est élevé de toute part, les témoignages de sympathie et de regrets qui nous sont venus de tous les points du Diocèse, et surtout l'immense concours de prêtres et de fidèles qui s'est produit autour de sa dépouille mortelle, donnant à de modestes funérailles les proportions d'un deuil public.

Nous recommandons à vos prières et saints sacrifices le prêtre que ses vertus et les services rendus avaient placé si haut dans l'estime de tous. Vous voudrez bien célébrer une fois la sainte Messe à son intention et réclamer pour lui les suffrages des pieux fidèles. Nos communautés religieuses, de leur côté, continueront à donner une part dans les mérites de leurs communions et de leurs bonnes œuvres à celui qui leur fut si constamment et si généreusement dévoué.

Que les Anges de Dieu introduisent au plus tôt dans la gloire et le repos du Paradis cette âme sacerdotale qui a été pour tant d'autres âmes l'instrument des divines miséricordes!

Recevez, Messieurs et chers Coopérateurs, l'assurance de notre bien affectueux dévouement.

† ARTHUR-XAVIER ÉV. DE BAYONNE.

PRÉFACE

Notre temps ne connaît plus le sacrifice. Une vie dépensée au service de la vérité, au service de Dieu et des hommes, est chose bien rare en nos tristes jours. L'intérêt, l'égoïsme, le moi, petites et grandes passions, petites et grandes bassesses, voilà le mobile de presque toutes nos actions. On n'est plus chrétien et l'on se soucie peu de le paraître. Aussi quand un homme se rencontre, épris de sacrifice, doux, vertueux, faisant le bien, tout s'incline, tout l'honore, tout le vénère. Sa vie est en bénédiction ; sa mort fait verser des larmes ; et la veuve, l'orphelin, le pauvre, lui sont un glorieux cortége à l'heure où il s'en va au champ de son dernier repos. Par delà sa tombe, il vit encore en ceux qui gardent le souvenir.

Souvenir ! souvenir ! souvenir précieux, souvenir consolant et sacré pour ceux qui ont connu cet homme de bien, pour ceux qui l'ont aimé ! Cet homme, ce prêtre, nous l'avons vu. Il n'est plus. C'était une lumière qui doucement vient de s'éteindre. Et cependant il n'est pas mort tout entier. Sa mémoire pourrait-elle périr?

Mais hélas ! on oublie sitôt, même après avoir beaucoup aimé ! Tout s'oublie, tout s'oublie,et le temps cicatrise les plus profondes blessures. Pour nous qui avons pleuré, nous saurons nous souvenir. Que si nous sommes tentés d'oublier cette chère âme, nous irons la saluer en ces quelques pages dictées par la piété filiale et la reconnaissance.

Conserver la mémoire du saint que nous venons de perdre, entretenir pieusement son culte dans les cœurs qui l'ont aimé, perpétuer cette vie qui fut, durant un demi-siècle, un exemple pour ses contemporains, tel est donc le but de cette notice biographique.

Nous aurions voulu mieux raconter le détail d'une existence d'ailleurs peu accidentée ; nous aurions voulu montrer cette âme admirable s'épanchant en de nombreuses lettres où elle prodiguait toutes les richesses de sa foi et de sa charité sacerdotales. Mais ces lettres qui nous en livrera le secret ? Quelle main amie recueillera, pour l'offrir à notre piété, ce précieux trésor de conseils paternels et de saintes effusions ? De ses papiers, de ses notes intimes son humilité n'a guère voulu rien conserver.

Ce récit sera donc un résumé d'impressions et de souvenirs personnels auxquels viendront s'ajouter des traits épars fournis par des témoins irrécusables. Quelques lettres échappées au naufrage du temps viendront appuyer les traditions orales et donner du saint prêtre une plus intime connaissance.

En jetant comme une fleur de louanges sur ce modeste tombeau, nous avons presque redouté de troubler le sommeil du juste qui aima tant ici-bas l'obscurité et la solitude. Mais son cœur nous l'avons bien connu. Il nous pardonnera d'avoir soulevé un coin du voile qui nous cachait une vie si agréable à Dieu. Le récit de ses dévouements et de ses sacrificcs nous inspirera peut-être de bonnes pensées et de pieux désirs. Heureux, si, comme cet homme de bien, nous savions saintement vivre et saintement mourir !

NOTICE BIOGRAPHIQUE

SUR

M. L'ABBÉ F. FRANCHISTÉGUY

CHAPITRE PREMIER.

NAISSANCE DE M. L'ABBÉ FRANCHISTÉGUY. SA FAMILLE. L'ENFANCE ET LES PREMIÈRES ÉTUDES. SA PREMIÈRE COMMUNION.

Si, longeant la chaîne des Pyrénées qui séparent la France de l'Espagne, vous désirez jouir du spectacle d'un peuple laborieux, arrêtez-vous à Hasparren, petite ville basque du Labourd. Tout en admirant l'activité de sa population, vous remarquerez au milieu de la principale rue du bourg, une maison de belle apparence, vaste, large, présentant façade à deux boutiques. Construite dans la première moitié du XVIIIe siècle par Bernard de Villeneuve, cette maison est appelée *Mounorenia* par les gens du pays. C'est là que 70 ans plus tard, le 31 mai 1809, naissait un enfant dont la vie sainte sera l'honneur de l'Eglise de Bayonne. Il reçut au baptême le nom de Fulgence, nom illustré par le grand docteur d'Afrique, Fulgence, que M. Franchistéguy honorera toute sa vie d'un culte particulier. Ce nom (*fulgens*) présage un brillant flambeau ; le mois où l'enfant vient au monde semble annoncer un grand serviteur de Marie.

Son père Jean-Baptiste Franchistéguy était issu des meilleures maisons d'Iholdy, car la Basse-Navarre venait de nommer un Franchistéguy à l'Assemblée constituante de 1789. Sa mère, Jeanne Marie de Villeneuve, sortait d'une famille où les traditions de vertu étaient héréditaires. Un trait sublime nous montre quelle intrépide foi animait l'aïeule du saint prêtre.

Aux premiers jours de la Révolution, un homme à face sinistre fit une visite domiciliaire dans la demeure de Madame de Villeneuve. A la vue d'un crucifix, il éclate en blasphèmes et veut enlever la pieuse image : « Il ne faut plus de superstitions, s'écrie-t-il ! » La femme forte répond fièrement : « Si vous n'en voulez pas, nous en voulons, nous ! » Et le christ fut respecté. Nous l'avons vu ce crucifix tout noirci par le temps ; nous avons vénéré cette croix sacrée. Elle porte au verso une légende écrite par la mère de M. Franchistéguy. La voici dans sa touchante simplicité :

« *Précieux monument pour la famille Villeneuve de Hasparren.*

« En 1792, le sieur Dominique de Villeneuve de Hasparren fut arrêté par ordre du tribunal révolutionnaire, sous prétexte de fanatisme, et jeté dans la maison d'arrêt de Bayonne, où il resta neuf mois. Pendant sa détention, un agent révolutionnaire se présenta chez Marie d'Etchegoyen, épouse du sieur Dominique de Villeneuve, pour faire une visite domiciliaire, et ayant trouvé ce crucifix dans une chambre, il voulut le faire disparaître en disant : « Il ne nous faut plus de ces signes. » — « Oui, monsieur, reprit alors avec fermeté Marie d'Etchegoyen, il nous en faut : et si vous n'en voulez pas vous, nous en voulons nous et nous en avons besoin. » Et le crucifix resta à sa place.

« Jeanne Marie de Villeneuve, fille de Dominique de Villeneuve et épouse de Jean-Baptiste Franchistéguy, présente à cette scène, qui a toujours conservé ce crucifix avec le plus grand soin, comme monument et souvenir des principes religieux héréditaires dans sa famille, le recommande à ses enfants, persuadée que le respect dont ils l'environneront attirera souvent les grâces et les bénédictions du Père des miséricordes. Elle leur recommande d'être toujours fermes dans l'amour et dans la pratique de la religion, quelque difficiles, quelque orageux que soient les jours que l'avenir leur réserve, de prier chaque jour pour la conservation de la foi dans la famille et pour le repos des âmes qui en sont déjà sorties.

« JEANNE MARIE FRANCHISTÉGUY, née VILLENEUVE,

Fille de Dominique de Villeneuve et de Marie d'Etchegoyen, épouse de Jean-Baptiste Franchistéguy. »

Hasparren, le 28 janvier 1835.

La Terreur passa sur la France promenant partout ses sanglantes exécutions. N'écoutant que la générosité de son cœur, la mère de Fulgence brava d'horribles menaces et cacha dans sa demeure des prêtres persécutés : charité que Dieu récompensera en donnant à cette héroïque chrétienne un Prêtre, l'honneur de son nom. Celui ci racontera plus tard les vertus de cette admirable mère qui enseignait à ses enfants la prière et l'amour de Dieu. Sur le soir, toute la famille, à genoux, implorait les bénédictions du Ciel : pieuse coutume qui tous les jours tend à disparaître, hélas!

même dans les foyers les plus chrétiens. Cette mère sanctifiait ses loisirs par des lectures édifiantes, inculquant ainsi en de tendres âmes les principes religieux qui sont la sauvegarde de la vie.

L'heure n'était pas encore venue des délicatesses et des gâteries maternelles ; l'éducation forte et virile de ce temps formait de belles âmes et préparait de mâles vertus. Moins bercé, l'enfant n'en était pas moins robuste ; et son cœur, à cette rude école, sans s'émousser, sans perdre de ses tendresses, apprenait à mieux obéir, à craindre, à mieux respecter l'autorité des parents. « *Fortiter ac suaviter.* » Force et suavité ! Force dans le commandement, dans la réprimande, dans la correction : pas de merci pour la faute, pas de pitié pour la paresse ; mais suavité dans les soins, dans la souffrance, dans la maladie. Cette force n'était pas de la dureté, ni cette suavité de la faiblesse. Amour, crainte et respect remplaçaient le sentimentalisme, l'indépendance et la familiarité de nos jours.

Au dire d'un témoin oculaire, rien de plus patriarcal que cette famille. Le père était vraiment roi, roi absolu, mais entouré d'hommages : d'un regard il mettait tout en ordre, ne rencontrant jamais de volonté rebelle. Dieu lui donna treize enfants dont neuf vécurent de longs jours ; Fulgence était le cinquième. La mère, reine, elle aussi, ne recevait que déférences respectueuses. Pour épargner ses forces, ses filles s'étaient imposé le devoir de venir en aide, chaque semaine à tour de rôle, à la servante chargée des gros ouvrages de la maison. A cette rude tâche, elles trouvaient un double avantage : la satisfaction de l'enfant qui aime sa mère, et l'habitude d'un travail, utile toujours, nécessaire parfois aux jours sombres de la vie. On ne croyait pas alors qu'une jeune fille dût apprendre tous les secrets des sciences profanes, ni les phases diverses de l'histoire des peuples, ni les calculs abstraits des hautes mathématiques ; quelques principes de grammaire, d'écriture et de calcul suffisaient à leurs modestes ambitions.

Le luxe n'était pas non plus en faveur dans cette admirable famille, ni le luxe des habits, ni le luxe de la table. On n'eût osé porter ni parures, ni vains ornements du siècle. Le lecteur pardonnera des détails qui pourraient paraître vulgaires, s'ils ne caractérisaient la simplicité de ces jours lointains. Les repas, confortables toujours, n'étaient pas succulents : on déjeunait de pain et de fromage ; il fallait être malade pour se nourrir de chocolat. Il est vrai que M. l'abbé Garat, janséniste intraitable et confesseur de Mme Franchistéguy, voyait encore en cela matière à intempérance ; Fulgence, au contraire, se souvenant des mortifications de la maison paternelle, écrira plus tard aux siens : « Tenez-vous sur vos gardes et soyez réservés pour les mortifications corporelles ! Vos santés ne sont pas de fer. Vous consulterez M. le médecin et vous savez que saint François de Sales et d'autres grands saints suivaient avec scrupule les ordonnances des médecins. »

Tous les enfants sont demeurés fidèles au souvenir de leur mère ; ils en ont conservé, jusqu'à la fin, les précieux enseignements, comme l'attestent leur vie et leur mort vraiment chrétiennes.

L'aîné, Sauveur, âme douce et tranquille, deviendra un docte et brillant médecin. Etabli à Bayonne, il se créa de nombreux amis, grâce à l'aménité de son caractère. Il mourut jeune encore, en 1856.

Marie-Baptiste fut une jeune fille, une femme accomplie ; tous les siens lui étaient attachés par les liens d'une respectueuse affection. Quand elle mourut, 15 jours après son père, le 4 octobre 1838, sa mère recueillit la correspondance de cette enfant chérie, la conserva dans une enveloppe sur laquelle elle écrivit ces mémorables paroles : « Lettres particulières de Marie-Baptiste Franchistéguy, morte à l'âge de trente-quatre ans, comme une sainte, ayant mené une vie angélique, une vie de tribulations. Lettres recommandées à Félicité et à Fulgence, pour qu'ils puissent les lire et voir qu'ils ont une sœur au Ciel. »

Félicité avait une âme toute portée à la piété ; le murmure des harmonies divines dans la solitude d'une église enchantait son cœur aimant. Mère de famille, sous le nom de Mme Loyseau, elle élevait chrétiennement ses deux enfants, quand un trépas prématuré la ravit à leur tendresse en 1854. Au lit de mort, elle les confia au saint Prêtre qui, après leur avoir prodigué ses sollicitudes, mourait, lui aussi, en bénissant le fils de sa sœur bien-aimée.

Adolphe, caractère irritable, demandait à être ménagé. Frémissant sous le frein, il était capable de choses généreuses ; il était allé tenter fortune à la Havane, lorsqu'un coup imprévu l'enleva avant sa vingt-cinquième année.

N'oublions pas Marie-Léonie, Séraphine, Justine et Rosalie, les plus jeunes, mais non les moins ferventes. Elles ne cessaient de prier Dieu, répétant toutes les cinq minutes, de pieuses oraisons jaculatoires.

Entre tous se faisait remarquer Fulgence, aimable petit ange que ses parents, que ses frères et sœurs entouraient de caresses. Il grandit, l'esprit bientôt ouvert aux inspirations de la grâce, le cœur bientôt rempli des choses de Dieu. Cependant il n'était pas toujours grave et, comme tous les enfants, il eut ses innocentes peccadilles et ses joyeuses espiègleries. Les échos de *Bidartia*, propriété de sa famille, nous égaieraient, s'ils pouvaient redire les nombreux discours de Fulgence. Il y avait là un pommier qui lui servait de chaire. Grimpant sans crainte, l'enfant s'installait, jambe de-ci jambe de-là, sur une branche solide, et aussitôt prêchait ses frères, prêchait les passants, se prêchait lui-même. La voix était forte, énergique le geste, le prédicateur s'agitant, la tête en feu, la bouche sèche. Au temps des pommes, le bambin tendait sa main, cette main qui vivement gesticulait, il la tendait vers le fruit tentateur, le cueillant, l'admirant, le savourant... et le discours continuait.

Et M. Roquelaure, l'homme excellent, Roquelaure, magister du village, aurait pu nous raconter les rares sévérités dont il punit Fulgence. Que de fois en ses derniers jours, M. Franchistéguy parlait de la badine qui le fustigeait en ses incartades ! Il devait lui-même quérir et porter l'instrument de son supplice. Au préalable, il l'essayait sur sa personne, sans s'épargner ; et si le bois trop mince, flexible ou trop cassant ne pouvait administrer de bonnes corrections, il demandait aux buissons de la route une branche plus forte qui chatiât ses méfaits.

Oh ! ne croyez pas qu'il se moquât des observations et réprimandes dont il fut l'objet. Dès l'âge le plus tendre, à l'amour il joignait une obéissance absolue et une crainte respectueuse. Les larmes de sa mère, la peine de son père eussent brisé son cœur. Il préférait souffrir que voir souffrir les siens. Il le montra bien dans une circonstance où l'on put admirer tout ensemble et son amour craintif et son énergie à supporter le mal.

Son père avait un cheval jeune, joli, fringant, ardent à courir plaines et montagnes. Avide d'émotions et de hasards, le petit Fulgence manifesta quelques velléités d'essayer la gentille bête. Bien timidement il demande permission à son père qui net et court la lui refuse. La tentation revint souvent ; longtemps il résista, frémissant de mille désirs. Enfin, hélas ! il succomba... Le voilà donc, chevauchant à travers la campagne, le voilà, fier de sa conquête, point fier de sa désobéissance, quand survient un camarade qui s'éprend lui aussi des allures du noble coursier. Il désire monter ; on parlemente, Fulgence ne veut pas céder « Que répondre, si papa le sait? » L'autre gaillard, bien qu'éconduit, ne se rebute pas, et d'un bond saute en croupe. Il se gaudit ; l'enfant résiste, l'intrus tient ferme, jusque là. Enfin il se cramponne aux flancs du pauvre Fulgence. Nouveaux efforts, nouvelle lutte : soudain les rênes tombent, la bête s'élance et nos deux enfants roulent à terre. Dure fut la chute ! Sans plus insister, l'importun se retire et laisse là le coupable qui s'empresse de revenir sous le toit paternel.

C'était l'hiver, au temps des veillées longues qui réunissent la famille autour du foyer pétillant : lectures pieuses, propos joyeux, causeries aimables faisaient trouver les heures courtes. Cette nuit-là Fulgence est triste. Lui si vif, si bouillant d'ordinaire, il ne dit mot. On l'interroge, mais il n'ose parler. Cependant la souffrance est plus forte, son énergie fléchit, il pousse un soupir de douleur. Forcé de s'expliquer, il se plaint d'avoir mal au bras. On l'examine : le bras était cassé. L'enfant endurait cette horrible torture depuis plusieurs heures ! Il est à croire qu'il n'y eut pas de reproche pour la faute commise : l'expiation avait été trop cruelle.

Pour modérer son humeur aventureuse, on l'envoya à Bayonne où sa mère vint s'établir durant quelques années. Il fut mis dans l'institution de M. l'abbé Pascal Dargagnaratz, qui, au sortir de la tourmente révolutionnaire, avait fondé un collége dans la rue Gosse ; là fut élevée une génération de prêtres distingués, là Fulgence fit ses premières études de latin, sans savoir quelle carrière le Ciel lui destinait. M. Franchistéguy se montra dès lors un écolier

Disposition générale qui, on le voit, est en contradiction avec les principes vrais du statut personnel et peut être une cause de trouble dans les rapports des individus avec leur loi propre, lorsque son application devrait en être faite dans leur pays.

Il résulte donc de l'examen de ces diverses lois que le grand principe du statut personnel est universellement adopté en ce qui touche les nationaux, mais qu'il se trouve quelquefois restreint par les lois du pays à l'égard des étrangers.

On ne saurait invoquer, en pareil cas, la réciprocité ; la loi écrite de chaque nation a toute autorité en cette matière.

Nous n'avons pas à examiner ici comment les étrangers sont traités en France à ce point de vue. S'il n'existe pas dans notre Code de texte précis les concernant, l'esprit de la loi résulte aux moins des discussions qui ont eu lieu au conseil d'Etat et au Tribunat sur l'art. 3. Dans l'opinion du législateur, l'état et la capacité des étrangers les suivent en France, et c'est d'après leur loi propre que les tribunaux français doivent les juger.

Cette opinion est partagée par les auteurs, MM. Merlin, Pardessus. Toullier, Fœlix, etc., et elle est sanctionnée par la jurisprudence.

§ 3. *Du statut personnel. — Son application. — Conflit des lois à cet égard.*

La différence entre les lois personnelles et les lois réelles étant admise, de nombreuses difficultés se sont élevées sur la question de savoir auquel de ces deux statuts appartiennent tels ou tels actes de la vie civile.

Ces difficultés proviennent du conflit des législations diverses qui, directement ou indirectement, peuvent influer sur les solutions à donner.

« Le droit positif, dit M. de Savigny[1] n'est pas le même pour l'humanité entière ; il varie avec les peuples et les Etats et, au sein de chaque peuple est l'œuvre en partie des idées générales, en partie de certaines forces spéciales. C'est cette diversité de droits positifs qui rend si nécessaire et si importante la délimitation qui seule permet de prononcer sur les collisions qui peuvent s'élever entre plusieurs droits positifs, au sujet d'un rapport de droit donné. »

On est cependant d'accord sur ce point que le mariage et tout ce qui tient à sa validité intrinsèque, à ses effets et à sa dissolution, ressortissent du statut personnel.

Il faut placer en première ligne la capacité du contractant. Pourrait-on considérer en effet comme régulier le mariage d'une personne qui, d'après sa loi propre, en serait incapable ? Lui suffirait-il de franchir la frontière pour acquérir dans son pays une capacité qu'il n'y avait pas ? Ce serait le renversement du principe tutélaire de la souveraineté appartenant à chaque nation, ce serait modifier, en dehors des règles les plus élémentaires du droit international, une situation qui saisit l'homme dès l'instant de sa naissance et ne l'abandonne qu'avec la perte de la vie ou de sa nationalité.

Tel est le but de la disposition du § 3 de l'art. 3. Il

[1] Traité du Droit Romain. t. VIII.

en résulte : 1° que le mariage contracté en pays étranger par un Français qui ne possèderait pas les conditions de capacité exigées par la loi française serait nul en France, bien qu'il fût valable aux yeux de la loi étrangère ; 2° que le Français ne peut en aucun cas, se prévaloir des dispositions de celle-ci, pour contester sous le rapport de sa capacité, la validité des actes par lui passés à l'étranger.

« L'état de la personne, dit Glück (*Droit privé*, § 17 et 18) est inséparable de la personne elle-même, » et tous les auteurs français et étrangers qui ont écrit sur la matière sont d'accord pour proclamer ce principe.

Comme conséquence de cette règle, il faut admettre que le statut personnel régit :

1° Les conditions d'âge, de parenté, de consentement, etc., qui sont prévues par le chapitre 1er du titre du mariage ;

2° Les causes et les effets de la dissolution du mariage ;

3° La légitimité des enfants et l'admissibilité des preuves reçues en cette matière ;

4° La légitimation des enfants naturels ;

5° La recherche de la paternité ;

6° Les effets de la puissance paternelle.

Tels sont les principaux points qui touchent directement au mariage ou en sont la conséquence nécessaire.

Tous appartiennent à cette catégorie de droits qui forment essentiellement la personne civile et sont la base de la famille ; or, les familles ne sont qu'une fraction, une partie intégrante de l'Etat : isolées, elles en donnent l'image parfaite ; réunies, elles constituent l'Etat lui-même.

Aussi, ces qualités d'époux, de père, d'enfants légimes ou naturels, sont-elles immuablement fixées par la loi sous l'empire de laquelle le mariage est contracté. Rien ne peut les détruire, les modifier tant que la nationalité subsiste; elles ne disparaissent qu'avec la qualité même de citoyen.

Toutes les nations civilisées tiennent à honneur de sauvegarder ce principe; elles y trouvent leur utilité pour l'ordre public et la garantie de leur souveraineté.

Il convient toutefois de signaler ici une exception que nous relevons dans la loi fédérale suisse du 24 décembre 1874, art. 54, lequel se trouve reproduit à l'art. 135 de la loi du canton de Genève du 5 avril 1876. Il contient une dérogation au principe que nous venons de rappeler. Cet article est ainsi conçu : « Un « mariage contracté à l'étranger sous l'empire de la « législation qui y est en vigueur ne peut être déclaré « nul que lorsque la nullité résulte en même temps de « la législation étrangère et des dispositions de la pré- « sente loi. » On reconnaît par là que le mariage contracté à l'étranger prend quelque chose à la loi de ce pays, et l'on subordonne sa validité aux conditions de cette loi. C'est à coup sûr une nouveauté que l'on pourrait appeler une *internationalisation* civile. Est-ce un progrès politiquement parlant?...

C'est aussi par suite de l'extension d'un principe de droit international touchant l'application du statut personnel que la cour de Genève, dans un arrêt du 21 janvier 1878 (*Gaz. des trib.* du 25 février 1878), a décidé que les tribunaux peuvent, en vertu de la loi française, prononcer la séparation de corps d'un Français marié à Genève, bien que la loi suisse n'autorise pas cette mesure pouvant être considérée comme contraire à l'ordre public relativement à ce pays.

Nous trouvons encore une application spéciale des principes du statut personnel dans un procès saillant relatif aux sujets indiens (affaire Ramastrapoullé). Il s'agissait de savoir si, malgré les prescriptions de la loi indoue, un Indien, sujet français, de Pondichéry, pouvait épouser une esclave affranchie appartenant à une autre nation. Par un arrêt du 16 juin 1852, la Cour de cassation a décidé que : « Bien que l'arrêté du 6 janvier 1819 déclare que les Indiens seront jugés, comme par le passé, suivant les lois et les coutumes de leur caste, cette disposition est purement facultative et n'interdit point aux sujets indiens le droit de se soumettre librement et volontairement à l'empire des lois françaises et d'en recueillir les avantages en en observant les commandements. »

Cette disposition est, comme on le voit, toute spéciale à une catégorie d'individus soumis par leur situation de peuple conquis à une loi particulière.

On peut comparer l'état de ces Indiens à celui des indigènes algériens dont les contestations relatives à l'état civil doivent, aux termes de l'art. 37 de l'ordonnance du 26 septembre 1842, être jugées conformément à la loi religieuse des parties. C'était une conséquence nécessaire de l'acte de capitulation du 5 juillet 1830 qui a garanti à tous les habitants leur religion, leurs propriétés, etc.

Cette garantie a survécu à l'égard des indigènes musulmans, mais, pour les Israélites, aujourd'hui assimilés aux citoyens français, ils ont été depuis longtemps soumis à l'obligation de contracter mariage devant le maire, suivant les formes françaises.

Le statut personnel cesse d'être applicable, avons-nous dit, en cas de changement de nationalité. Ce changement résulte, soit du seul fait de la loi, comme dans le cas de cession de territoire ou du mariage d'une femme avec un étranger, soit de la volonté de l'individu lui-même, par la naturalisation étrangère ou la perte de la qualité de citoyen.

Il nous suffira d'indiquer ici ces principes sans en étudier les détails qui n'ont pas directement trait à notre sujet.

Si le Français qui va se marier à l'étranger emporte avec lui son statut personnel, il est également évident que l'étranger qui épouse une Française soit dans son propre pays, soit en France, conserve aussi le sien. C'est pourquoi, dans la discussion de la loi au conseil d'Etat, M. Tronchet, répondant à une observation du premier consul, disait qu'un Français demeure soumis aux lois de son pays par rapport au mariage, mais que ces lois ne s'étendent pas à l'étrangère qu'il épouse ; qu'ainsi il lui est permis de prendre une fille à qui les lois du pays où il se trouve donnent la capacité de se marier relativement à l'âge (Locré, t. IV, p. 350).

Mais le statut personnel étranger cesse d'être applicable en France toutes les fois qu'il est en opposition avec une loi française d'ordre public, de bonnes mœurs ou à un intérêt français. D'où il suit que l'étranger ne peut être admis à passer en France un contrat contraire à une loi de cette espèce.

Ainsi il ne pourrait se marier avec une femme parente ou alliée à un degré auquel notre loi prohibe le mariage, bien que la loi de son pays ne portât pas la même prohibition. Aussi résulte-t-il, des instructions adressées le 18 juillet 1877 par M. le garde des sceaux au procureur général d'Amiens, que les officiers de l'état civil doivent se refuser à procéder au mariage entre étrangers, beau-frère et belle-sœur, qui n'auraient pas obtenu de dispenses préalables du gouvernement français.

De même un étranger, dont la loi permet la polygamie, ne pourrait contracter en France un second mariage. Il n'est point douteux en effet que la poligamie porte atteinte au premier chef à l'ordre public et aux bonnes mœurs, puisque notre loi pénale classe ce fait au rang des crimes. L'étranger, aussi bien que le Français, tombant sous l'application de cette loi, il est évident qu'il ne saurait en être relevé même par la loi étrangère dont il dépend au point de vue civil, s'il contractait la seconde union en France.

La question est plus douteuse en ce qui touche le divorce ; elle l'était du moins avant l'arrêt important de la chambre civile du 28 février 1860. Cet arrêt, rendu sur les éloquentes conclusions de M. le procureur général Dupin, a mis un terme à la divergence des cours d'appel longtemps hésitantes. On peut presque affirmer que tout a été dit à cet égard et nous devons considérer le principe comme définitivement admis.

Ce principe est celui-ci : « L'étranger divorcé conformément aux lois de son pays peut contracter un second mariage en France, soit avec une Française, soit avec une étrangère du vivant de sa première femme.

Les considérations sur lesquelles se fondaient les partisans de l'opinion contraire reposaient principalement sur le caractère de la loi du 8 mai 1816 qui a aboli le divorce. En étendant outre mesure l'esprit et les conséquences de cette loi, on arrivait à conclure que l'étranger lui-même devait lui être soumis, ou du moins que la loi française ne pouvait pas reconnaître et sanctionner par un nouveau mariage la dissolution, même légale, du premier. Les mœurs, l'ordre public, la dignité des familles y sont intéressés, disait-on (Malher de Chassat, *Traité des statuts*, p. 262).

C'est aller bien loin, ce nous semble, surtout si l'on envisage que le divorce a été admis chez nous de 1792 à 1816 et que la Chambre des députés a, par trois fois, sous le règne de Louis-Philippe, voté son rétablissement[1] ; qu'enfin il est admis par la majorité des nations européennes, même catholiques, telles que la Belgique, les Pays-Bas, l'Angleterre, la Suède, la Hongrie, l'Allemagne.

Du reste, M. Dupin fit justice de cet argument comme de tous les autres, à l'aide des documents de l'histoire aussi bien que par une argumentation serrée sur les principes des droits civil et public.

La Cour de cassation, s'inspirant de cette savante discussion, proclama que : « Si l'art. 147 du Code civil « défend de contracter un second mariage avant la « dissolution du premier, cette défense n'existe pas « toutes les fois que la preuve de la dissolution du « premier mariage est rapportée ; — que cette preuve « est faite lorsque l'étranger établit que son mariage « a été disscus dans les formes et selon les lois du « pays dont il est sujet ; — que telle est la consé- « quence du principe reconnu par l'art. 3 du Code ci-

[1] Personne n'ignore qu'un projet de loi ayant le même objet a été présenté à la Chambre par M. Naquet et ne tardera probablement pas à être définitivement résolu.

« vil et de la distinction des lois réelles et des lois per-« sonnelles « (Dalloz 1860, 1, 57. Voir dans le même sens Cass. 15 juil. 78, D. 78, I, p. 340).

Nous n'avons rien à ajouter à ces considérants.

Signalons cependant que la cour de Douai, par un arrêt du 8 janvier 1877 (D. 1878, 2, p. 7), a statué dans un sens contraire. Il est vrai que l'espèce n'était pas la même. Il s'agissait, non d'un étranger, marié et divorcé à l'étranger, mais d'un Belge marié en France avec une Française et divorcé ensuite par décision d'un tribunal belge. La différence est sensible et c'est probablement ce qui a entraîné la décision de la Cour.

En effet, si l'étranger marié et divorcé à l'étranger se présente en France avec un état civil bien net, c'est-à-dire avec le fait acquis d'un mariage précédent ayant cessé d'exister, il doit être considéré comme libre par notre loi. Mais en est-il de même de celui dont le mariage a été contracté sous l'empire de notre loi et par l'officier public français ? Nous ne le pensons pas ! Il y a au moins une nuance capitale à signaler, bien que l'arrêt n'ait pas donné ce motif. C'est celle-ci : L'acte de mariage inscrit sur les registres de notre état civil subsiste dans son entier, tant qu'il n'a pas été modifié, annulé par une décision régulière de justice. Or, le jugement étranger qui prononce le divorce, n'étant pas exécutoire en France du moins *de plano*, n'a pu anéantir l'instrument qui établit le premier mariage et empêche d'en contracter un second. Dès lors l'officier de l'état civil ne doit-il pas s'arrêter devant cet acte et y trouver une barrière infranchissable contre le nouveau lien qu'on lui demande de régulariser ? Et comment agirait-il autrement sans produire ce résultat extralégal de créer un second acte de mariage se plaçant à côté d'un premier encore existant ? en d'autres termes, sans donner à cet étranger, aux yeux de notre loi, la position d'un bigame ?

Cette décision a du reste été réformée par un arrêt de Cassation du 15 juillet 1878 qui a renvoyé la cause devant la Cour d'Amiens.

Celle-ci a, le 15 avril 1880, adopté la jurisprudence de la Cour suprême. Elle se fonde sur ce que, par application du principe de réciprocité qui forme la base du droit international en cette matière, les lois qui régissent l'état et la capacité des étrangers les suivent eux-mêmes en France lorsqu'ils y résident.

Qu'ainsi l'étranger, administrant la preuve de la dissolution du premier mariage, conformément aux lois de son pays, et spécialement par le divorce s'il s'agit d'un sujet belge, doit être admis à en contracter un second en France, même avec une française (Dalloz 1881, 2, 79).

On voit quelles délicates questions soulève le conflit des lois diverses lorsqu'elles sont mises en présence les unes des autres. Il faudra encore de bien longues discussions pour que des règles fixes et certaines soient établies à cet égard !

Plus délicat peut-être est le point de savoir si lorsque, soit les deux époux, soit l'un d'eux, ont abdiqué leur nationalité pour celle d'un pays où le divorce est admis, ils peuvent être légalement divorcés même aux yeux de la foi française. Un procès célèbre a récemment appelé l'attention sur cette question.

Dans la première hypothèse, la rigueur du droit a pour conséquence la possibilité du divorce. En acquérant une nouvelle nationalité, les époux ont rejeté l'obstacle qui gênait leur liberté. Soumis désormais à une loi différente, c'est d'elle qu'ils tiennent maintenant leur capacité, c'est à elle qu'ils s'adresseront pour faire sanctionner légalement leur divorce et leur second mariage. Il appartiendra seulement aux tribunaux d'apprécier si cette naturalisation n'a pas eu pour but d'enfreindre la loi originaire. Telle est du moins la distinction admise par quelques auteurs et notamment Merlin (*Quest. de droit*, v° *Divorce*, § II, n° 11) et par la jurisprudence (Cass. 16 déc. 1845 ; Paris, 30 juin 1877, aff. Vidal).

La conséquence ne saurait être la même si l'un des époux seulement s'était fait naturaliser à l'étranger. En effet, si pour l'accomplissement du mariage, il faut le concours de deux capacités, ce concours est nécessaire aussi pour le rompre. L'incapacité de l'un des époux ne peut être couverte par la capacité de l'autre. Il en résulterait, chose impossible, que le contrat cesserait d'exister pour l'une des parties quand il conserverait toute sa valeur à l'égard de l'autre.

Bien plus, si c'est la femme qui a abdiqué sa nationalité, on se demande quelle est la validité de cet acte. S'il a été accompli avec le consentement du mari, la question pourrait peut-être être discutée. Cependant la Cour de Cassation (arrêt du 18 mars 1878, aff. de Bauffremont) a reconnu que : « même eût-elle été « autorisée par son mari, la femme séparée de corps « ne pourrait être admise à invoquer la loi de l'Etat « où elle aurait obtenu une nationalité nouvelle à la « faveur de laquelle, transformant sa condition de « femme séparée en celle de femme divorcée, elle se « soustrairait à la loi française qui seule règle les effets

« du mariage de ses nationaux et en déclare le lien « indestructible. »

Mais si cette abdication a eu lieu sans le consentement du mari ou de justice, il est de toute évidence que, d'après notre loi, cet acte serait entaché de nullité.

Il en est ainsi aux yeux de la loi allemande qui dis« pose : La naturalisation ne peut être accordée aux « étrangers que lorsqu'ils sont capables de disposer de « leur personne d'après les lois du pays auquel ils « appartiennent, ou à défaut de cette capacité, quand « ils ont l'assentiment de leur père, tuteur ou cura« teur » (L. 1er juin 1870, art. 8).

La femme mariée, seule, ne peut donc renoncer à sa nationalité même lorsque la séparation de corps a été prononcée ; sa situation, sa capacité ne sont point modifiées à cet égard. S'il est vrai, comme nous l'avons établi plus haut, que le statut personnel s'attache à la personne et la suit partout, elle en subira les conséquences. Or, la loi française, qui est restée la sienne, malgré ses efforts pour s'y soustraire, a donné au mariage un caractère indélébile, disposition d'ordre public à laquelle l'abandon irrégulier de la nationalité n'a pas pu porter atteinte.

C'est dans ce sens que la question a été tranchée par le tribunal de la Seine et l'arrêt solennel de la Cour de Paris du 17 juillet 1876 (aff. de Bauffremont), qui a été confirmé par celui de Cassation du 18 mars 1878 (Dalloz 1878, 2, pag. 1).

Il est bien entendu toutefois, ainsi que le font remarquer ces décisions, que la validité de ces actes n'est envisagée qu'au regard de la loi française et que ses effets sont limités à l'étendue du territoire soumis à cette loi.

Ce point de droit a été différemment apprécié par le tribunal de Charleroi (Belgique) qui, incidemment saisi de la question de validité du mariage de la dame de Bauffremont avec le Prince Bibesco, a, le 3 janvier 1880, statué : 1° que le duché de Saxe-Altenbourg était seul compétent pour décider si la Princesse Bibuco réunissait les conditions pour que sa demande de naturalisation lui fût octroyée ; 2° que le pouvoir judiciaire, pas plus en France qu'ailleurs, n'a qualité pour contrôler cette procédure émanant de l'autorité d'un pays étranger ; 3° que l'acte de naturalisation, ayant changé la nationalité de la Princesse, a modifié son statut personnel qui, de français qu'il était, est devenu allemand ; 4° que dès lors c'est la législation de ce pays qui détermine son état personnel et sa capacité quant au mariage.

Des principes ainsi formulés, le jugement induit que la Princesse naturalisée à Saxe-Altenbourg à pu valablement se remarier à Berlin.

La Cour de Bruxelles (arrêt du 5 août 1880) a réformé cette décision. Elle a déclaré l'intervention du mari non recevable par le motif que la femme, séparée de corps, ne peut, sans l'autorisation maritale, accepter une naturalisation étrangère et contracter ainsi une nouvelle union (Gazette des tribunaux 3 septembre 1880).

Cette jurisprudence est la seule acceptable.

§ 4. — *Condition de la femme française mariée à un étranger.*

Après avoir indiqué quelles sont les conditions du mariage du Français à l'étranger et de l'étranger en

France, il convient de dire quelles sont celles de la femme française qui épouse un étranger.

« C'est une maxime universellement reçue, dit M. Colmet-Daage (*Revue de droit français et étranger*, 1844), que nul ne peut avoir deux patries. » En vertu de ce principe, la majeure partie des législations retranchent du nombre des nationaux le citoyen qui se fait nationaliser en pays étranger.

Ainsi le mariage de la femme française avec un étranger est considéré par notre loi comme produisant pour elle un changement de nationalité. Cette conséquence est parfaitement logique, conforme aux règles du droit international et à ce principe que le mari, étant le chef de la famille, doit fixer lui-même la condition de sa femme de façon à établir l'unité de loi pour tous les membres de la famille.

Si telle est la conséquence directe du mariage, c'est aussi celle de la volonté de la femme qui peut abdiquer sa nationalité, seule si elle est majeure, et avec le consentement de ses père et mère si elle mineure. L'art. 1398 fixe exactement, dans ce dernier cas, les limites de sa capicité : *habilis ad nuptias*, *habilis ad matrimonii consequentias*.

Les art. 12 et 19 du Code civil ont consacré ces principes : « L'étrangère qui aura épousé un Français, dit le premier de ces articles, suivra la condition de son mari. » — « Une femme française qui épousera un étranger, dit l'art. 19, suivra la condition de son mari ; » et cet article, prévoyant le cas de dissolution du mariage, ajoute : « Si elle devient veuve, elle recouvrera la qualité de Française, pourvu qu'elle réside en France ou qu'elle y rentre avec l'autorisation du roi et en déclarant qu'elle veut s'y fixer. »

Ces deux articles, on le voit, sont conçus dans les mêmes termes. Peut-on dire cependant qu'ils produisent les mêmes effets? Il faut reconnaître que les règles du droit international s'y opposent.

En effet, comme conséquence du mariage, notre loi a bien pu décider : 1° que la femme étrangère épousant un Français deviendrait Française (art. 12) ; 2° que la femme française épousant un étranger perdrait sa nationalité propre ; mais là s'arrêtait son pouvoir.

La règle que la loi d'un pays ne peut engager celle d'un autre pays s'opposait à ce que l'on allât plus loin, et à ce qu'on attribuât à la femme une nationalité que la loi du mari lui refusait.

La femme française perd sa nationalité, c'est constant! mais l'acquisition de celle de son mari ne peut dépendre que de la loi étrangère elle-même.

Sans doute la majorité des législations ont admis un principe identique à celui de notre loi : d'autres cependant le repoussent.

Tel était le cas de l'Angleterre jusqu'en 1844, époque où la loi 7 et 8 Vict., ch. 66, modifia la loi commune qui voulait que la nationalité britannique ne s'acquît ni ne se perdît par le mariage.

L'art. 10 de cette loi est ainsi conçu : « La femme mariée est considérée comme appartenant à la nationalité de son mari. »

Ce retour à une règle plus large et plus saine, qui est celle des nations les plus civilisées, a été confirmé d'une manière plus précise encore par la loi du 12 mai 1870 (33 Vict., ch. 14). La question n'existe donc plus à l'égard des nationaux anglais.

Nous retrouvons les mêmes principes proclamés

dans l'empire d'Allemagne et dans la Confédération suisse, dont les lois récentes ont eu pour but de faire cesser une contrariété de coutumes et de législations qui produisait les résultats les plus choquants, et de rétablir l'unité dans les divers parties des États confédérés.

La loi allemande du 1er juin 1870 s'exprime ainsi : Art. 2. La nationalité d'Etat dans un pays de la Confédération ne sera dorénavant acquise que... 3° par le mariage. — Art. 5. Le mariage avec un Allemand entraîne, pour la femme, la nationalité de son mari. — Art. 11. Elle s'étend à la femme et aux enfants mineurs encore soumis à la puissance paternelle.

Art. 13. La nationalité d'Etat sera perdue dorénavant... 5° pour une Allemande, par son mariage avec un étranger.

La Constitution fédérale suisse du 29 mai 1874 porte, dans son art. 54 : La femme acquiert par le mariage le droit de cité et de bourgeoisie de son mari.

Une autre loi fédérale du 3 juillet 1876 étend le bénéfice de la naturalisation à la femme et aux enfants mineurs de l'étranger naturalisé (art. 3).

Ces règles sont reproduites dans les lois spéciales du canton de Genève du 5 avril 1876, art. 39, et le Code civil de Glaris, art. 44.

Une loi du 26 novembre 1880, mise en vigueur le 1er janvier 1881, fixe les règles relatives à la puissance maritale pour le canton de Lucerne en ce qui touche la personne et les biens de la femme.

Art. 1. Les époux se doivent mutuellement cohabitation, fidélité et respect.

Au Petit-Séminaire de Larressore, on partagea l'enthousiasme de la France entière. On lisait au réfectoire, dans l'*Avenir*, les articles étincelants de Lamennais, Lacordaire, Gerbet et Montalembert ; maîtres et élèves restaient tout frémissants, sous la parole chaude et convaincue des jeunes réformateurs. Il y avait surtout des explosions à peine contenues, quand le gallicanisme recevait des nouveaux ultramontains ces coups terribles dont il ne s'est pas relevé. On se prenait d'amour pour Rome ; en saluant le Pape infaillible, on le vengeait de trois siècles d'injures et d'avanies.

Malheureusement le chef de cette généreuse croisade ne sut pas s'arrêter. Quand il tomba, quand l'étoile pâlit, ce fut désenchantement et douleur cruelle pour les disciples. On se soumit, non sans peine peut-être, mais on se soumit sans restriction. L'abbé Franchistéguy fit le sacrifice de ses idées ; avant tout il voulait obéir. De ses amours philosophiques, pour ainsi parler, il conserva quelques numéros de l'*Avenir*, et un résumé de la philosophie tant vantée. Ce résumé lui fut plus tard dérobé par un de ses amis à qui, mais en vain, il ne cessa de le réclamer. Lorsque la foudre partie du Vatican frappa le rebelle, le jeune disciple gémit, mais il n'aimait plus. C'était fini. Il désirait être prêtre et prêtre fidèle, déjà mettant en pratique les conseils qu'il donnera plus tard sur le respect dû à l'autorité.

Tandis que M. de Lamennais passionnait ainsi la jeunesse, le temps poursuivait sa course et M. Franchistéguy achevait le cycle de ses études philosophiques. Les vacances de 1828 terminées, il était déjà entré au Grand-Séminaire de Bayonne, lorsque, pendant les examens, MM. Haramboure, Franchistéguy et Lescastéreyres, apprennent qu'il leur faut revenir à Larressore où ils sont nommés professeurs.

CHAPITRE IV

LARRESSORE. SON PROFESSORAT ET SES ÉTUDES THÉOLOGIQUES. L'AMOUR DU PAPE. MONSEIGNEUR D'ARBOU LE NOMME SECRÉTAIRE DE L'ÉVÊCHÉ.

M. Franchistéguy ne se faisait pas illusion sur ses nouveaux devoirs. Jeune, sans expérience, obligé de mener de front sa classe et les études théologiques, il comprit à l'instant tout ce qu'il lui fallait de courage et de travail pour accepter sa difficile condition. Pourquoi il se rend au désir de M. Claverie, cette lettre va nous l'apprendre : « Ma chère maman. Je saisis un moment à la dérobée pour m'entretenir avec celle qui doit m'être la plus chère en ce monde. Me voici donc maintenant élève et professeur ; vous avez eu du plaisir à cette nouvelle, c'est naturel. Pour moi, j'en ai aussi beaucoup à cause de vous ; je suis heureux de votre bonheur. Mes vœux sont de pouvoir vous être agréable et vous témoigner toute l'affection et toute la reconnaissance d'un bon et généreux fils. Et si ce n'est à vous, mes bons parents, à qui en témoignerais-je ? Vous aimer, vous servir, vous aider, voilà mon but ; et toute ma peine est de ne pouvoir peut-être pas faire tout ce que votre amour inspirerait à mon cœur. C'est donc pour cette raison que j'ai de la joie à ce changement, quoique j'aie une classe un peu forte pour mes faibles moyens et mon inexpérience. J'espère beaucoup que je réussirai avec le secours de Dieu, car incapable de moi-même je n'espère que de lui seul les lumières qui me sont nécessaires pour éclairer les autres. »

Les dernières lignes nous montrent son amour du silence, de l'étude et de la mortification : « Comme je n'ai pas une chambre à feu et que je ne voudrais pas aller me chauffer dans les chambres des autres pendant les études, une paire de tapis me servirait beaucoup à ma chambre où je serai seul. »

M. Franchistéguy suffit à tout. Sous M. Boutoey, il se nourrit de fortes doctrines, parfois peut-être un peu rigoureuses. Il continuait à résumer ses auteurs, surtout s'ils étaient arides ou abstraits. On pouvait, naguère encore, voir dans sa bibliothèque les traités de la *Justice*, des *Contrats* et de la *Religion*, rédigés selon l'esprit et la méthode de la *Théologie de Toulouse*. C'était le moment de la vogue pour ce manuel qui préconisait et défendait les maximes surannées de 1682. Par bonheur, notre théologien connaissait la contre-partie exposée lumineusement par le comte de Maistre. Il appelait l'opinion gallicane « *une extravagance.* » A cet endroit, il était invulnérable. Bien plus tard, à l'époque du Concile, il défendra la thèse de l'infaillibilité contre les anti-infaillibilistes et les opportunistes ; il ressentira une profonde joie à la proclamation du dogme de l'Infaillibilité Pontificale, en 1870. Il était, pour ainsi parler, naturellement Romain, par sa foi basque, ne souffrant pas qu'on le contrariât dans ses opinions sur le Pape, Docteur de l'Eglise. Ne croyez pas qu'il fût violent, impérieux, tranchant dans la discussion. Non ; il savait écouter son adversaire, et puis, vivement, vigoureusement, il maintenait son dire, l'appuyait, le défendait par de bonnes raisons. Quelquefois sa parole se répandait un peu diffuse, mais sans grand effort d'esprit, on restait frappé des sérieux arguments développés avec une inébranlable conviction. Cette chaude conviction, qui parfois dépasse le but, il la gardera jusque sous les glaces de l'âge ; sa parole enflammée, son regard vif, le feu de son âme nous montreront un cœur toujours jeune. Ces ardeurs feront dire à un de ses amis : « Comment se peut-il que Dieu ait créé nos cœurs si brûlants, auprès desquels le Vésuve et l'Etna ne sont que deux allumettes ?

Cette générosité qui ne s'épargne pas, il l'appliqua à la préparation de sa classe. On le chargea d'enseigner les hautes mathématiques, encore que par une exception étonnante, il n'eût jamais figuré, pour cette spécialité, dans les palmarès. Il y a là un petit mystère que nous n'avons pu éclaircir ; car il paraît invraisemblable que l'ont eût préposé à un si difficile enseignement un professeur dont la médiocrité en pareille matière aurait toujours été notoire. Quoi qu'il en soit, M. Franchistéguy fut à la hauteur de sa position et passa pour un excellent professeur. S'il lui faut, par intervalles, enseigner le latin et le grec, il se fait enfant avec les enfants et reprend le rudiment sans fausse honte. Et comme il est malaisé d'enseigner ce que l'esprit n'a pu ni bien concevoir, ni mûrir profondément, il confie au papier sa pensée, son expression. Ainsi, à force de travail et de patience, il se met à la portée des intelligences qu'on lui a confiées. Pour le grec, bien qu'il en eût presque toujours remporté le prix, il n'avait pas une confiance illimitée en sa science d'helléniste. Tout modestement il rédigeait de petits cahiers d'analyse sur les fables d'Esope et de Lucien, donnant à ses élèves l'exemple d'un labeur qui aime à se rendre compte des moindres difficultés.

Il travaille et il prie ; il prie afin de recevoir moins indignement les ordres de la cléricature. Aux approches de 1830, il entend les sinistres grondements d'un tonnerre lointain: « Pour moi, dit-il, le courage ne me manque pas précisément, quoique cependant, à vous parler franchement, il serait bien faible à n'envisager que la main des hommes, dans les choses effroyables qui se préparent et que peut-être avant longtemps, nous verrons éclater. Mais il faut y voir la main de la Providence ; sans elle, l'état actuel de la France me paraît inconcevable et son avenir terrible ; mais non, Dieu nous frappera en Père qui nous corrige. Heureuse la France, si au moins cette fois elle profite de la leçon que le Seigneur lui ménagera ! Si nous devons sortir d'ici, je ne serai pas si mal avec vous à Saint-Estève, d'autant plus que j'aime les endroits isolés et sauvages. Pour le refuge que vous connaissez, il faut croire que les années 92 et 93 ne reviendront pas ; cependant il ne faut pas s'y fier, et, dans tous les cas, il est bon d'avoir une retraite sûre. »

Aussi, en présence du sombre avenir qui menace la France, il croit qu'il doit encore s'arrêter prudemment au seuil du sanctuaire : « Quant à l'ordination, je n'ai pas même eu la pensée d'en profiter. Je pourrai recevoir tous les ordres dans une couple d'années, et pour le moment, mes cheveux ne sont pas encore si blancs qu'il faille me presser. Or, je tiens que pour faire un pas qui engage pour la vie, il ne faut pas aller à la légère, et moins encore courir en jeune homme. Espérons que, lorsque mon temps arrivera, les jours ne seront plus si mauvais. »

Il vit ainsi dans son cher Larressore, sans souci de ce que Dieu lui réserve, n'aspirant à rien autre qu'à instruire ses enfants et à satisfaire ses supérieurs. Tout au plus entrevoit-il dans le lointain de son sacerdoce une humble paroisse dont, lui curé, fera ses délices : gracieux rêve qu'il berça dans son cœur et que le Ciel ne voudra pas réaliser !

Une ordonnance royale de Charles X transféra Monseigneur d'Astros à l'archevêché de Toulouse, nommant au siége de Bayonne, Monseigneur d'Arbou, ancien évêque de Verdun, lequel se plaindra, plus tard, en souriant, d'avoir échappé au bruit des canons de Verdun pour être tourmenté par le tonnerre des canons de Bayonne.

Le nouvel évêque entré dans son diocèse le 25 février 1831 fit sa première visite au Petit-Séminaire de Larressore. Il savait que les idées lamennaisiennes avaient eu là des fauteurs ardents et enthousiastes. Aussi arrivait-il, l'esprit très-prévenu, et décidé à frapper un grand coup. L'homme éminent qui présidait alors aux destinées de Larresore, M. Claverie, comprenant bien que de cette visite épiscopale allait dépendre l'organisation future de la maison dont il était supérieur, voulut, à force de prévenances, dissiper les inquiétudes de son Evêque. Il fut décidé que toute la communauté irait recevoir Monseigneur à Ustaritz, non loin du couvent actuel des Filles de la Croix. Pour ce jour, on revêtit les plus sombres livrées, afin de donner à tout le Séminaire une physionomie de sévère austérité qui contrastât singulièrement avec les idées d'indépendance que l'on prêtait à cette jeunesse. L'orateur, qui vit encore, voulait mettre à contribution tous les secrets d'une brillante rhétorique pour faire un beau discours français. M. le supérieur pensant qu'il faut harmonie en toute choses, l'appelle et lui dit : « Avez-vous un habit bien sombre et bien long, pour haranguer Monseigneur ? — J'ai bien M. le supérieur, répond le jeune rhétoricien, j'ai au fond de la malle une lévite, mais si longue, si longue, que par honte, je ne l'ai mise qu'une fois. — Allez la chercher, mon enfant. » On porta la soutanelle, toute neuve ; on la revêtit.

L'élève, point haut de taille, avait sous cet habit un air passablement ridicule. « C'est très-bien, c'est très-bien, disait M. Claverie. Voilà une lévite qui vous va à merveille ! Vous êtes pour le mieux. » L'orateur demeura stupéfait. « Et le discours, ajoute M. le supérieur ? — Je l'ai préparé. Je vais vous le soumettre. C'est un discours français que j'ai bien travaillé. — Oh ! non, mon enfant, pas de français, pas de français pour cette fois, mais un discours latin, bien sobre et bien grave. » M. Claverie fut obéi en toutes ses recommandations.

On alla donc recevoir Monseigneur d'Arbou à Ustaritz. On lut la harangue que Sa Grandeur écouta avec bienveillance. L'orateur haussait la voix, car le prélat, devant continuer sa route, n'était pas descendu de cheval. Accompagné de ce nombreux cortége, l'Evêque entra au petit Séminaire où il devait rester trois jours.

Dès son arrivée à Larressore, Monseigneur demanda à M. Claverie un jeune ecclésiastique qu'il pût former lui-même aux travaux du secrétariat et au maniement des affaires diocésaines ; il imitait son prédécesseur qui avait choisi, à Larressore aussi, pour secrétaire, M. Carteron, aujourd'hui doyen du chapitre. M. Claverie indiqua deux ou trois professeurs émettant des préférences pour M. Franchistéguy. « Je le placerai à tel endroit, Monseigneur, quand Votre Grandeur daignera agréer les hommages du corps professoral. » En effet, quand l'Evêque reçoit la visite annoncée, il porte son regard sur le jeune professeur qu'on a mis au rang convenu, va droit à lui et lui pose diverses questions. Le petit clerc d'abord timide, s'enhardit et répond avec une clarté d'expression qui ravit le cœur de l'Evêque. Il fut convenu que l'année s'écoulerait à Larressore et qu'après les vacances, il se rendrait à l'Evêché. Sa nomination date du 1er novembre 1831.

Tout d'ailleurs le rendait éminemment propre aux délicates fonctions qui allaient lui être confiées : un visage angélique, un extérieur modeste, une démarche grave et recueillie, le respect de ses confrères, l'affection et l'estime de ses supérieurs. D'aucuns le comparaient volontiers à Saint Louis de Gonzague, à cause de son maintien vraiment ecclésiastique. Modèle pour ceux qui l'ont connu, pour ceux qui l'ont aimé, pour ceux surtout qui aspirent au sacerdoce !

CHAPITRE V

M. FRANCHISTÉGUY A BAYONNE. IL DEMEURE AVEC SON ONCLE A SAINT-ANDRÉ ET ACHÈVE SA THÉOLOGIE AU GRAND-SÉMINAIRE. LE SOUS-DIACONAT.

Le voilà donc à vingt-deux ans, secrétaire de son Evêque, ne perdant rien de son urbanité, toujours humble et content de peu. Les loisirs que lui laissaient son travail lui permirent de suivre les cours de théologie du Grand-Séminaire; il y allait chaque jour se préparer aux futures luttes, ne se plaignant jamais des ennuis de la route, de ces allées et venues si fréquentes. Au commencement, il ne demeurait pas à l'Evêché. Son grand-oncle, M. Salvat Franchistéguy, curé de la paroisse Saint-André, le reçut chez lui et le logea dans une chambre basse et étroite. Plus tard en ces dernières années, allant voir une malade pauvre, confinée au quatrième étage, il lui fallut gravir un escalier, à rampe raide, qui donnait accès dans un obscur réduit. Quand il fut descendu, M. le Grand-Vicaire se prit à dire : « Je croyais retrouver mon premier logement. Encore le plafond de ma chambrette n'était-il pas si élevé, car je ne pouvais me tenir debout sur mon lit. Et cependant j'étais secrétaire de Monseigneur l'Evêque ! » Certes, il ne parlait pas ainsi par ostentation ; c'était pour lui un doux souvenir. Il ressentait si grande joie à rappeler ces heures de pauvreté, de sacrifice, ces heures où il obéissait, dormant dans une mansarde[1] !

Son âme se sanctifie ainsi de plus en plus, à mesure qu'il approche davantage de Notre-Seigneur Jésus-Christ. Tout pénétré de son indignité, il se jette dans les bras de la divine miséricorde, et à la veille de dire un éternel adieu au monde, dévoile en de touchantes paroles les misères qui lui semblent souiller son cœur : « Bayonne, 2 décembre 1831. Je vous écrivais hier, en vous disant que peut-être je recevrais les quatre moindres et le sous-diaconat à l'ordination prochaine qui aura lieu le samedi des Quatre-Temps. Je vous prévenais d'avance, mes chers parents, afin que vous pussiez me faire part de vos observations et me reconnaître un titre patrimonial. Hier ce n'était qu'un peut-être, aujourd'hui c'est du positif. Oui, mes chers parents, après avoir pris toutes les mesures que la prudence et l'importance de ma démarche exigeaient, je me détermine à rompre avec le monde et à faire à Dieu un sacrifice solennel de

[1] Nos renseignements nous permettent de préciser les diverses demeures de M. Franchistéguy à Bayonne. Il habita d'abord dans la rue Bourg-neuf, une maison dont M. Celhay et sa famille occupaient le premier étage et M. S. Franchistéguy le second. Celui-ci étant mort, il resta, rue des Prébendés, avec M. l'abbé Larrabure — frère du sénateur — alors vicaire de la Cathédrale et plus tard doyen de Saint-Palais. Ils prirent pour domestique *Domenica*, ancienne servante de M. Viviez, vicaire-général. Au départ de M. Larrabure, le secrétaire alla loger au n° 33 de la rue d'Espagne, dans la maison de son neveu. Il y resta pendant 40 ans, entouré des soins de Mlle Justine Franchistéguy, sa vénérable sœur. Depuis longtemps, M. Franchistéguy avait une chambre à l'Evêché où il couchait et prenait souvent ses repas. La distance qui sépare l'Evêché de la rue d'Espagne l'obligea à venir habiter son ancien séjour, rue des Prébendés. C'est là, au fond du corridor, sous l'escalier tournant, que fut exposé son corps, au matin de ses funérailles. Il était mort à l'*Espérance*, chez Monseigneur Lacroix, auprès duquel il se rendait tous les soirs depuis quatre ans.

tout mon être, sacrifice qui me doit peu coûter à la vue de ce que je laisse et de la bonne part que je choisis, puisque Dieu seul va être mon partage. Je me décide donc à faire le pas, terrible en ce qu'il est sans retour, du sous-diaconat. Il s'en faut bien que je trouve en moi toutes les dispositions nécessaires pour une action si sainte ; mais je compte beaucoup sur l'infinie miséricorde de Dieu qui jusqu'ici nous a prodigué tant de marques de sa bonté et de sa clémence ; je m'abandonne donc à son indulgence, à la protection de Marie, et aussi, mes chers parents, à vos prières qui ne pourront manquer d'être exaucées parce qu'elles partiront du cœur. Je vois avec plaisir que vous me donnez pour patrimoine le bien de Mounista, sans que mes bons frères et sœurs y mettent opposition. Monseigneur m'a chargé de vous présenter ses respects. Adieu, je finis en me recommandant de nouveau aux prières de chaque membre de la famille. »

Et le même jour, il envoie cette autre lettre si chaude, si admirable de sentiments d'abnégation et de confiance en Dieu. Voyez si l'on peut avoir une foi plus vive et une humilité plus profonde : « Mes biens chères sœurs. Je vous annonce avec quelque frayeur, mais aussi avec joie et empressement, que je suis à la veille de faire un éternel adieu au monde, de renoncer sans retour à ses plaisirs et à ses espérances pour n'avoir d'autre partage que Dieu, d'autre ambition que son service et d'autre espérance que sa gloire. Me voici donc déterminé à faire, avec la grâce de Dieu, les vœux solennels du sous-diaconat ; je tremble et je frémis en considérant les grâces sans nombre et privilégiées que le Seigneur m'a prodiguées jusqu'ici et cependant le peu de progrès que j'ai fait dans la vertu. Qui pourrait compter mes infidélités ? Qui pourrait concevoir mon indifférence au milieu de tant de faveurs ? Ah ! que je suis loin d'avoir porté à la démarche que je vais faire une préparation nécessaire ! Mille idées de cette nature se présentent encore à moi, surtout pendant la retraite; mais lorsque d'un autre côté je considère que le Dieu que nous avons le bonheur de connaître et de servir est, non pas un tyran, ni un maître dur et sévère, mais un père tendre qui court après nous lorsque nous nous égarons, et qui nous reçoit avec amour et complaisance, même après une vie d'erreurs et de crimes, si nous revenons à lui sincèrement et de bon cœur; que c'est l'ami le plus affectionné et le plus devoué qui ne cherche que notre cœur et que pour l'avoir, il a tout souffert jusqu'à la mort la plus infâme et la plus cruelle ; qui, chaque jour, offre, pour expier nos misères et nos infidélités, son sang et ses mérites ; lorsque je pense enfin que c'est un Dieu qui m'a fait tout ce que je suis, qui m'a créé, racheté, m'a retiré encore jeune du milieu du monde où tant de jeunes gens de mon âge se perdent pour toujours ; qui m'a conduit par une providence toute particulière, et que ce même Dieu, ce père compatissant, cet ami dévoué me demande aujourd'hui mon cœur, me le demande sans partage, mon courage se ranime, ma confiance augmente ; il me semble que le lui refuser plus longtemps serait méconnaître ses bontés infinies, faire injure à sa tendresse. C'est ce qui me détermine à lui faire un sacrifice entier de tout moi-même, un sacrifice quelque jour récompensé par une éternelle gloire. Ah ! mes chères sœurs, vous applaudirez sans doute à ma détermination, vous vous dites que j'ai choisi la meilleure part. Mais afin qu'elle ne me soit pas ôtée, priez, priez sans cesse pour moi, tous les jours de votre vie ; redoublez surtout de ferveur pendant ce petit nombre de jours qui vont s'écouler avant l'ordination qui aura lieu le samedi des Quatre-Temps. Offrez toutes vos peines, toutes vos souffrances, toutes vos bonnes œuvres, prières, méditations, messes, communions ; enfin faites tout pour mériter à votre frère la grâce nécessaire pour une si importante démarche J'exige beaucoup, vous le voyez, mais le cas est extraordinaire, il n'a lieu qu'une fois dans la vie. Au reste ce Dieu bon et libéral vous rendra tout avec usure. Ah ! si vous vous concertiez, vous et quelques bonnes âmes, pour faire une neuvaine à la Sainte Vierge afin qu'elle offre mon sacrifice à son divin Fils, que vous me feriez plaisir, que vous m'attireriez de grâces ! Cette neuvaine pourrait très-bien commencer par une communion et finir par une autre. Enfin je me recommande à l'amitié que vous me portez ; consultez votre cœur et agissez selon votre inspiration. Adressons-nous à Marie, par Marie, au bon Jésus, et espérons tout de son infinie miséricorde. Tout à vous. Fulgence. »

Dieu ne put que bénir un si beau sacrifice et agréer cette victime innocente. Alors sans doute il lui fit prendre pour devise ces paroles de Saint-Augustin : « *Lucere parum, ardere multum, lucere et ardere perfectum.* C'est peu de briller, beaucoup d'aimer ; briller et être ardent, voilà la perfection. » Cette maxime, il la redira à d'autres âmes qu'il voudra former : « Priez toujours, écrira-t-il, pour votre vieil ami qui fait les meilleurs vœux pour que sa devise qu'il rabâche sans cesse se réalise en vous. *Lucere parum, ardere multum, lucere et ardere perfectum.* » Il voulait pour sa part, réaliser la parole du Maître : « *Vos estis lux mundi*[1] ; » il voulait brûler de l'ardeur de Jésus-Christ : « *Ignem veni mittere in terram*[2]. » Il comprend la grandeur du Sacerdoce catholique. Malheur à lui s'il n'est pas un flambeau qui illumine, et un foyer qui réchauffe les pauvres âmes rachetées par le sang de Notre-Seigneur Jésus-Christ !

[1] Matth. v. 14. — [2] Luc. 12. 49.

CHAPITRE VI

SA PRÉPARATION IMMÉDIATE AU SACERDOCE ET SA PREMIÈRE MESSE.

« Si je voulais vous représenter le Prêtre tel qu'il s'offre aux yeux de la Foi, si je voulais vous montrer tout ce qu'il y a d'auguste et de sublime dans son caractère et dans sa mission, je vous dirais que par sa bouche Dieu parle aux hommes et leur fait connaître ses volontés, que par sa main s'offre la Victime ineffable qui apaise le Ciel et en fait descendre la bénédiction sur la terre ; je vous dirais qu'il est l'ambassadeur et le représentant de Jésus-Christ, le dépositaire de sa doctrine et le dispensateur de ses dons, son ministre et son coopérateur dans le grand ouvrage de la sanctification des âmes [1]. »

Ces paroles qu'il prononça un jour du haut de la chaire de vérité sont l'expression fidèle des sentiments qui partageaient le cœur de M. Franchistéguy, dans cette année 1832 où il va devenir Prêtre. D'ailleurs pour connaître ses pensés intimes, à cette heure solennelle de sa vie, nous n'avons nul besoin de recourir à de faciles inductions. Dieu

[1] Sermon sur le sacerdoce.

a permis, pour notre édification, que les feuilles volantes, messagères de ses saints désirs, aient été conservées par l'amour d'une mère, comme un doux souvenir qui pût consoler et réjouir ses dernières années.

Cette lecture fera du bien à toutes les âmes ; et à nos frères dans le sacerdoce qui se rappelleront leurs promesses ardentes du jour de l'ordination ; et aux jeunes aspirants qui compareront leurs sentiments à ceux du saint Prêtre ; et à tous ceux qui, s'agitant en diverses conditions, pourront comprendre que le véritable ministre de Jésus-Christ est une des choses les plus dignes de respect qui soient sur la terre.

Nous donnons ici les lettres que M. Franchistéguy écrivit à l'occasion de son sacerdoce ; la beauté morale de son âme y resplendit si éclatante que nous n'avons voulu rien retrancher de ces pieuses effusions.

Ses sœurs sont souvent les confidentes auprès desquelles il vient répandre ses soupirs et ses vœux. Il leur dit le 7 mars 1832 : « Quoique vous ne m'ayez pas écrit, j'ose me flatter que vous n'avez pas pour cela exposé moins souvent mes besoins à ce Dieu puissant et miséricordieux qui est notre force et notre soutien, à ce doux et aimable Jésus qui est notre consolateur et dont le Cœur sacré est notre refuge ; à cette tendre et bienveillante Mère que nous avons dans les cieux, notre avocate et notre protectrice. Continuez, redoublez, s'il est possible, vos instantes prières, vos brûlantes communions, pour un frère qui, je puis vous le dire avec une intime conviction, tombe dans un état de plus en plus déplorable, se laisse entraîner par le torrent et infecter par la corruption du monde et qui cependant s'avance vers le jour qui le verra franchir les dernières barrières du sanctuaire et monter sur l'autel redoutable pour y faire descendre le Tout-Puissant. Ce jour approche, il se presse, il se hâte, et je deviens pire. Ah ! priez, priez, mes bonnes sœurs, priez pour ce frère qui vous aime et qui vous aime beaucoup, mais qui n'aime pas, bien s'en faut, ce Dieu que vous aimez et qui ne saurait pas ne pas exaucer vos prières. Ne m'oubliez pas, n'oubliez pas un frère qui a bien besoin que vous l'aidiez, pour qu'il profite au moins un peu des grâces du Seigneur ! »

Ordonné Diacre, il se trouve encore froid et indifférent ; ses sœurs le regardent comme un saint et lui demandent des conseils ; il leur répond : « Vous demandez des conseils, mes bonnes sœurs, hélas ! j'en ai moi-même grand besoin. Lorsque j'étais dans cette aimable retraite de Larressore, auprès de ce bon et estimable supérieur, environné sans cesse de jeunes et pieux confrères, n'entendant que des choses qui me ramenaient à Dieu quand même j'aurais été porté à me dissiper, enfin ayant sans cesse sous les yeux d'excellents modèles de piété et de vertu, je conçois que malgré moi, alors je devais, dans mes lettres, vous parler de Dieu, peut-être vous donner des conseils et même de bien parfaits. Mais hélas ! que les temps sont changés ! Que j'ai changé aussi ! Sans cesse distrait et je puis même dire dissipé, je me vois dans les ordres et bien avancé, sans avoir cependant les vertus qui doivent faire le partage de tout fidèle. Pour celles qui caractérisent le prêtre, l'on dirait en vérité que je ne les connais même pas, tant ma vie est indigne. Ah ! ma bonne Félicité, je t'en conjure, prie beaucoup pour moi, afin que je sorte de l'état funeste dans lequel je me trouve. Réunis-toi à Marie-Baptiste pour m'obtenir du Dieu de miséricorde les grâces nécessaires pour répondre à ma vocation. Enfin, mes sœurs, chaque jour demandez au Seigneur qu'il me retire dès à présent de ce monde, si je devais avoir le malheur d'être un mauvais prêtre. Faites mémoire de moi dans vos saintes communions ; surtout dites à Dieu : *Seigneur, que notre frère soit un saint prêtre ou qu'il meure avant de franchir le seuil du sanctuaire.* Je vous aime, vous le savez, mais s'il était possible de vous aimer davantage, que je le ferais volontiers, si par vos prières vous m'obteniez une conversion sincère ! Ne croyez pas que j'exagère, je vous dévoile toute mon âme. Si je continue à vivre comme je vis depuis quelque temps, ma ruine est certaine, et ce qui me fait trembler, c'est qu'étant prêtre je ne saurais me perdre seul, c'est qu'un prêtre ne saurait être à demi scélérat. Les grâces que le Seigneur m'a prodiguées vont se tourner contre moi, je vais devenir le monstre le plus hideux ; déjà, je vous l'assure, je crains que je ne sois tombé dans l'aveuglement. Ah ! si vous m'aimez, priez, priez pour moi ! »

Félicité persiste à croire que son frère est un saint, elle appelle chimères et exagérations les humbles sentiments du pieux Diacre. Encore une fois celui-ci essaie de dissiper les bonnes idées que sa sœur a conçues de son humilité : « Il paraît, ma chère Félicité, que tu ne veux point prendre à la lettre ce que je t'ai écrit la dernière fois. Tu te trompes cependant et beaucoup. Je crois que si je me connaissais encore mieux, je te dirais des choses plus pénibles ; et chaque jour je me convaincs de plus en plus que je marche rapidement vers l'abîme. Ainsi donc ne crois pas que je sois toujours dans les chimères et les exagérations. Je suis bien malade et cependant il faut arriver jusqu'au bout, il faut être *prêtre* car il n'est plus temps de reculer. Prie donc beaucoup pour moi et si tu n'as pas le temps de faire de longues et paisibles prières, offre au Seigneur pour moi quelques-unes de tes peines journalières, quelques-unes même de tes afflictions spirituelles, car ce sont là de bien bonnes choses et qui, aux yeux de Dieu qui nous les envoie, valent les prières les plus ferventes que nous ferions avec le plus de plaisir et de jouissance. Offrir les peines au Seigneur en continuant à aimer le bon Jésus, voilà une excellente prière ; en offrir quelques-unes pour moi, voilà une bonne prière fraternelle. Je t'en serai bien reconnaissant, je ne te dis pas que je t'en aimerai davantage, car c'est chose impossible. »

Enfin la grande semaine est arrivée : quelques jours à peine le séparent du sacerdoce. Son infirmité spirituelle lui paraît encore bien grande, car il verse dans le sein de celles qui le vénèrent d'énergiques protestations d'indignité : « Décembre 1832. Votre lettre, mes chères sœurs, me pose cette question : Dois-tu faire toujours le voyage du Séminaire? Je vous dirai en toute franchise que je m'y retirerai volontiers tous les soirs, parce que je m'y mets à mon aise. J'arrive vers 6 heures du soir, je monte de suite dans ma chambre d'où je ne sors plus jusqu'au lendemain matin pour aller assister à la méditation et à la sainte Messe. Prions pour que le Seigneur nous conduise tous à lui par la voie qu'il lui plaira de nous indiquer ; prions-le pour que dans sa bienfaisante providence, il continue à nous combler de ses grâces. Priez surtout pour moi ; dites sans cesse au Seigneur : *Seigneur, retirez notre frère de ce monde, dès à présent, si jamais il doit être mauvais prêtre.* Faites souvent, je vous en conjure, cette prière au Père Tout-Puissant que nous avons dans le Ciel. Dans vos peines, dans vos afflictions, dans vos fatigues, dans les contradictions journalières, dans vos communions surtout, demandez à Jésus les vertus qui me sont nécessaires et dont, jusqu'à présent, je suis bien dépourvu. Je vous le dis en vérité. Je dois être prêtre ; j'ai été inondé de grâces, et cependant je le dis à ma honte et confusion, je ne suis pas encore chrétien, ma vie est bien loin d'être celle d'un bon fidèle, et après cela j'oserais encore franchir le seuil du sanctuaire et monter sur l'autel pour y offrir le redoutable sacrifice? Ah! de grâce, mes bonnes sœurs, priez, intercédez pour moi, ne me perdez pas de vue, je compte beaucoup sur l'assistance de vos bonnes œuvres. — Mais vos prières sont froides, vos communions pleines de sécheresses! N'importe. Priez, communiez toujours; le Seigneur se plaît, vous le savez, à exaucer les prières faites sans consolation, parce qu'elles ne sont faites que pour lui seul, pour son amour, parce qu'il le veut, et que l'amour-propre, ce poison infernal qui se glisse partout, n'a point accès dans ces bonnes œuvres que nous faisons dans le temps de la tribulation et de l'épreuve. Recommandez-moi surtout à Marie; récitez le chapelet ou du moins une partie à mon intention, afin que cette bonne et puissante Mère me prenne pour son enfant, me présente comme tel à son Fils, et demande pour moi la grâce de porter Jésus dans mon cœur, de le faire descendre sur l'autel avec la même sainteté, la même humilité, la même pureté qu'elle avait elle-même, lorsque notre bon et aimable Sauveur voulut prendre naissance dans les chastes entrailles de cette humble Vierge. Adressez-vous donc à elle; saurait-elle ne pas exaucer les prières des âmes qui lui sont dévouées? Saurait-elle repousser surtout la prière de la sœur qui prie pour son frère, qui demande que son frère soit un saint et zélé prêtre? Puissiez-vous, mes chères et bonnes sœurs, m'obtenir cette faveur, et vous le pourrez par vos prières. Tout à vous. Adieu. »

Ces paroles n'ont pas besoin de commentaires; elles montrent la beauté de l'âme du saint Diacre.

Ceux qui l'ont connu tout feu pour le culte du Dieu eucharistique peuvent bien s'imaginer quelle fut sa joie lorsque, après avoir juré son serment d'amour sans partage, après avoir offert l'holocauste de sa vie entière au Seigneur et renouvelé, sur le pavé du temple, le sacrifice du monde et de ses plaisirs, il se releva Prêtre, Prêtre pour l'Eternité : « *Tu es sacerdos in æternum* [1]. »

Prêtre ! Grande chose incomprise de la terre, appréciée à sa juste valeur par les saints, par celui surtout que le Pontife venait de consacrer. Il l'a promis. Il est prêtre ; il se montrera prêtre durant toute sa vie, prêtre malgré les séductions de toute sorte, prêtre toujours, au milieu de scandales et de chutes déplorables, exemple vivant pour ses contemporains ! Dans l'immense décri où est tombée toute chose sainte, il prouvera qu'un bon prêtre, un digne ministre du Crucifié, est toujours la lumière du monde et le sel de la terre. Monseigneur d'Arbou l'ordonna prêtre dans la chapelle du Grand-Séminaire le 22 décembre 1832.

Béni fut le jour où il célébra sa première messe ! Avec quelle ferveur, quelle onction, il offrit la Victime sacrée, qui nous le dira ? Lui dont la piété ne subit jamais d'éclipse, si chaude en ses derniers jours, de quelle flamme ardente ne fut-il pas embrasé, en immolant son Dieu pour la première fois ? Un saint l'assistait à l'autel. Monseigneur Hiraboure, alors Vicaire à Saint-André, lui fit l'honneur de diriger son inexpérience, honneur dont M. Franchistéguy se souviendra, en entourant de vénération la mémoire de l'Evêque d'Aire, en versant des larmes et des prières pour le repos de son âme.

Cette première messe, il la dit, près de son oncle, dans le recueillement et le silence. A peine les plus proches parents purent-ils unir leurs prières aux siennes ; pas de fête, pas de joie profane en ces heures sacrées ; les saints ne se plaisent qu'aux choses de Dieu. Ce jour où il avait entrevu le Ciel de si près, le pouvait-il passer en compliments, en félicitations, banalités de la terre ? Son cœur se trouvait

[1] Ps. 109. 5.

trop bien avec le Cœur de son divin Maître. Alors sans doute, il demanda au Tout-Puissant de donner à sa faiblesse les forces nécessaires pour combattre le bon combat. La Providence semble l'avoir mis dans une solitude, loin de la mêlée, mais le jeune secrétaire se fera le champ de bataille plus vaste, et après avoir suffi aux exigences de sa tâche, il ira payer de sa personne, en offrant aux âmes les ardeurs de son cœur vaillant.

CHAPITRE VII

LA FAMILLE. AMOUR DE M. FRANCHISTÉGUY POUR TOUS LES SIENS.

Tandis que le jeune prêtre donne son cœur à Dieu, il ne le brise pas ce cœur, au point de renoncer aux joies de la famille, au point de devenir insensible aux événements qui peuvent réjouir ou attrister les siens. En purifiant les affections terrestres, en jetant sur elles comme un parfum du Ciel, la sainteté n'atrophie pas le cœur, elle essaie, s'il se peut, de l'élever, de le diviniser. Les hommes de Dieu savent que c'est un devoir, non pas une faiblesse, d'honorer ses parents, d'aimer ceux qui ont été bercés sur les genoux d'une même mère.

Nous connaissons déjà la tendresse de M. Franchistéguy pour tous les siens, mais nous n'en avons qu'une imparfaite connaissance. Les lettres suivantes, nécessaires pour juger l'homme, nous dévoileront les richesses de ce cœur aimant.

C'est d'abord le Père qui nous apparaît tout entouré de vénération et d'hommages : « J'ai reçu, mon cher papa, votre lettre qui me fit grand plaisir ainsi qu'un paquet de mille bonnes choses. Ah ! ce sont toujours des preuves nouvelles de votre tendresse et de votre sollicitude. Je suis réellement confus de tout ce que vous avez fait et de tout ce que vous faites encore pour moi, et il me tarde de voir arriver l'heureux et désiré temps dans lequel, tranquille et libre de soucis, tous vos enfants travailleront pour vous et seront heureux eux-mêmes de vous rendre heureux. »

Et ailleurs il offre ses vœux de bonne année « Vous avez dû recevoir l'un de ces jours, mon très-cher papa, une assez longue lettre écrite à toute la famille; vous y avez vu les sentiments dont je suis pénétré à votre égard, et les vœux que je forme pour mon bien-aimé père. Je ne fais ici que vous les renouveler et vous dire que votre très-dévoué et très-affectionné fils vous embrasse bien cordialement. »

Quand il a passé huit jours sans donner de ses nouvelles à son père, il ne manque pas de mettre un post-scriptum, dans ses autres lettres, afin de réjouir le cœur paternel: « Je me suis dispensé d'écrire à papa parce qu'il était ici samedi, mais je ne tarderai pas. — Daignez, mon bien cher père, m'envoyer quelque remède, quand vous irez à Bayonne, pour un rhume qui n'est pas bien grave. Je vous embrasse de tout cœur[1]. » Il eut la douleur de perdre ce vénéré père, six ans après son sacerdoce, le mois de septembre 1838.

Les tendresses sont peut-être plus vives pour la mère, le cœur à cœur est plus expansif. Si elle n'écrit pas, il lui envoie une lettre suppliante et désolée: « Vous ne sauriez vous faire une idée de la peine que j'éprouve, ma chère maman, en ne recevant pas de vos lettres, ça fait naître dans mon âme mille pensées et je ne sais à laquelle m'arrêter. Serait-elle au moins tombée malade? me demandé-je à

[1] Il existe bien des lettres de M. Franchistéguy, écrites à son père, en diverses circonstances; mais nous n'avons pu nous les procurer.

moi-même. Et cette pensée m'afflige dans la crainte qu'elle ne soit vraie. Ou bien serait-elle fâchée contre moi pour une réponse, malheureusement trop précipitée, que j'ai eu la faiblesse de faire la veille de mon départ ? et voudrait-elle par ce silence me faire sentir mon tort ? Cette pensée se présente plus souvent encore et elle me désespère ; car, ma bien chère maman, je vois clairement combien j'ai manqué d'égards, combien surtout j'ai outragé votre tendresse, cette tendresse que j'ai si souvent éprouvée. Vous n'auriez donc que trop de raison pour tenir une pareille conduite à mon égard ; je ne l'ai que trop méritée, je l'avoue. Mais, ma bien chère maman, je reconnais ma faute ; veuillez, je vous en conjure, l'oublier et me la pardonner, car il est dur et cruel pour un fils qui a pu s'oublier mais qui vous aime toujours plus qu'il ne s'aime lui-même, il est dur, dis-je, de penser que sa mère peut être mécontente de lui. Encore une fois, ma bien chère maman, usez d'indulgence, et puissé-je aujourd'hui recevoir au moins un bout de lettre de votre part ; cela suffirait pour me rassurer et me faire jouir d'un repos que je ne saurais goûter dans cet état. Jamais lettre ne sera mieux accueillie. Donnez-moi de vos nouvelles ; vous savez que rien ne m'intéresse davantage (1829). »

Il avait vingt ans quand il écrivit cette lettre où il s'humilie, où il demande pardon... Il se permet parfois de donner des conseils de conduite spirituelle, mais avec quel tact, quel respect il traite sa mère ! : « J'ai vu ce matin encore dans un maître de la vie spirituelle une vérité qui doit nous consoler. C'est un docteur qui nous apprend que Dieu laisserait périr plutôt le ciel et la terre que de permettre que les siens ne fussent pas éprouvés. En tout nous devons voir un trait de la bonté divine qui veut nous faire acquérir plus de mérites et nous rendre ainsi la couronne

qu'il nous réserve dans sa gloire et plus riche et plus belle ! »
Cette bonne mère mourut le 21 juillet 1850.

S'il vient à parler de ses frères, il n'a que des éloges à leur donner ou des excuses à présenter sur des actes qui pourraient paraître répréhensibles « 1830. Vous êtes inquiète sur le sort de Sauveur, n'ayant pas eu de ses nouvelles durant les troubles qui ont ensanglanté la capitale. Ses lettres se seront sans doute égarées, car vous savez combien il vous a toujours aimée. Donnez-moi le plus tôt de ses nouvelles. — Prions tous pour Sauveur surtout, afin que le bon Dieu continue à nous le garder, recommandons-le à Marie dans ses nombreux besoins. Prions pour Sauveur. » Il connaît bien Adolphe avec ses défauts et ses qualités, mais à son avis, les qualités feront oublier complètement les défauts et l'âge mûr saura bien réparer les péchés de l'enfance : « Février 1830. Pour Adolphe, ma bien chère maman, si, jusqu'à présent, il vous a donné quelque sujet de mécontentement, je suis persuadé que ce ne sera point celui qui contribuera le moins à satisfaire, à consoler votre cœur. Il est d'un caractère un peu fort, mais il est solide, et il sent les choses lorsqu'il n'est pas en humeur ; et je crois qu'un tel caractère, si on ne le rudoie pas, si on le ménage, donnera les plus grandes satisfactions ; il vous prouvera encore que, si vous êtes la meilleure des mères, vous avez en lui le meilleur des fils ; voilà ce que je pense d'Adolphe, si on le prend par la douceur. Pour le sort qui l'attend l'année prochaine, Dieu y pourvoira, en épargnant des tristesses à votre cœur de mère. Je ne m'ennuie pas avec vous, ma bien chère maman, mais comme il y a longtemps que je ne me suis point entretenu avec mes bonnes sœurs, je vais dérober quelques moments pour les leur donner. »

Sur « ces bonnes sœurs » l'admirable mère put lire un jour :

« O ma mère, j'espère que vous serez exaucée dans vos prières ; et comment me refuser à cette douce espérance, quand je considère surtout ces chères sœurs que l'on pourrait appeler des anges ? »

« Ces anges » il les aime, il les respecte, il leur parle tantôt le langage enjoué et badin, tantôt le langage grave et sérieux d'un apôtre : « Bonjour, mes bonnes sœurs, comment êtes-vous depuis tant et tant de temps ? Et vous surtout, Marie-Baptiste, qui de cette année n'avez point fait de sortie vers le séminaire, qui de cette année n'êtes point venue par votre aimable présence dérider mon front soucieux, rendre mon visage et tout mon extérieur gai comme une scène charmante où se jouent ensemble les grâces et les ris, comment donc êtes-vous, ô Marie-Baptiste, si rare dans cette partie du monde que nous habitons, et si capable avec toi, ô Félicité sans bornes, de changer mon humeur constamment atrabilaire en une humeur aimable et enjouée, comment êtes-vous toutes deux, ô incomparables sœurs de frères incomparables ? Bien sans doute, du moins je le désire, et toutes glorieuses d'avoir fait connaître à tout Hasparren que chez vous le grand art d'embellir tout ce que vous touchez de vos industrieuses mains, ne connaît point de bornes. Halte-là ! je vois déjà le rouge monter sur vos fronts... Adieu, priez pour moi et vous aussi Séraphine et Marie-Léonie. 25 juin 1826. »

Si Marie-Baptiste, la *sainte*, garde le silence, il l'excuse en ces termes : « 9 mai 1830. Je commence ma lettre, ma chère Marie-Baptiste, dans l'intention de vous faire des reproches à ma façon, et de me plaindre de ce que vous ne me dites jamais rien. Mais je vois que cela est plus fort que moi ; non, je ne puis penser à vous et me fâcher. Marie-Baptiste ne t'écrit pas, me dis-je à moi-même, mais c'est parce qu'elle n'en a pas le temps, et que lorsque ses occupations ordinaires lui laissent quelques moments de loisir, elle préfère les consacrer à s'entretenir avec son Dieu, ou avec la sainte Vierge ; et j'aime à croire que quelquefois elle leur parle aussi de moi et de ma vanité. Alors comment oser me plaindre, pourquoi me formaliser de ce que les doux et consolants entretiens de Jésus et Marie, vous plaisent plus, ô ma chère sœur, qu'une correspondance suivie avec un frère qui, aux bonnes choses que vous pourriez lui écrire, ne répondrait que de fades plaisanteries ? Ainsi donc, Marie-Baptiste, ne me dites rien, obstinez-vous à garder à mon égard le plus cruel silence ; je penserai toujours que vous n'agissez pas sans raison ; que souvent vous pensez à moi devant Dieu, et à mes faiblesses ; et alors loin de me fâcher, je vous en aurai une double reconnaissance, d'abord pour vos prières, et ensuite, ce que vous ne devinez peut-être pas, de ce que vous me fournissez une occasion de mortification en me privant du plaisir de vous lire. »

Et plus tard le 7 mars 1832 : « Que faites-vous, Marie-Baptiste ? Vous tairez-vous sans cesse ? J'aurais une forte tentation de me plaindre et de me déchaîner contre vous ; mais non, je vous estime, je vous respecte, et plus que cela je vous aime trop pour me fâcher contre vous, quoique vous m'ayez fait jeûner rudement tout le carnaval. »

Il est plus familier avec Félicité, sa sœur pieusement rêveuse, il la tutoie et la remercie de son exactitude à écrire : « Ta lettre, ma chère Félicité, eut l'effet de toutes celles que tu m'écris, c'est-à-dire qu'elle me fit beaucoup de plaisir et un plaisir d'autant plus sensible que tu es toujours seule à me donner des signes de vie, et à me prouver que tu m'aimes. Continue sans te lasser, et montre-toi toujours bonne envers un frère qui est trop orgueilleux pour se laisser vaincre en reconnaissance.

« Oui,tes lettres me remplissent d'une joie que je ne saurais dire. Je suis par là persuadé que tu ne m'oublies pas, que tu ne cesses d'avoir pour moi ces sentiments si sincères et si affectueux, que je te connais. Continue, ma chère Félicité, à être toujours généreuse à m'écrire. Dis à Séraphine qu'elle ne m'est certes pas étrangère. Non ; de nombreuses pages pourront le lui prouver. Je l'aime et l'aimerai toujours. Ton frère très-affectionné. Fulgence. »

Une mission s'ouvre ; il y a grande joie parmi ces douces âmes ; le frère retenu à Bayonne veut avoir une part aux pieux exercices qui se donnent à Hasparren : « Vous voilà donc, mes chères sœurs, livrées aux exercices de la mission. Je m'en réjouis et je vous en félicite. Certes, elle est venue bien à propos cette mission ; grâces en soient rendues à Dieu, car vous avez bien besoin de vous corriger, de vous amender, de vous renouveler, et enfin de renaître, toutes sans exception, depuis la première qui est l'*andereya*, jusqu'à la dernière *etcheco alaba*. Profitez donc, mes bonnes sœurs, de cette pluie, de ce torrent de grâces, qui va couler sur vous et au milieu de vous, pendant ces jours de bénédiction ; mais soyez charitables, aimez à partager les bienfaits que vous recevrez. Je suis votre frère ; en cette qualité, je réclame une part et bonne dans vos prières, dans vos mortifications, en un mot, dans tous vos mérites. Je suis aussi citoyen de Hasparren, et en cette qualité encore, je réclame une autre part ; enfin, je suis prêtre, et c'est surtout en cette qualité qu'il me faut des secours tout particuliers, que je vous prie et vous conjure de ne pas oublier. Avant de clore mon épître, permettez-moi, mes bonnes sœurs, de vous faire une recommandation ; c'est de mettre de la modération dans votre ardeur, de ne point rester trop longtemps à genoux sur la pierre dure. Toi, Félicité, tu as un peu cette habitude. Je l'ai vu, je le sais ;

les autres aussi peut-être, car elles ne valent pas mieux que toi. Je prends la liberté de vous recommander encore de vous nourrir convenablement, de ne jeûner qu'autant que votre santé le permettra, de faire des collations raisonnables. »

Il est probable que le conseil ne fut pas exactement suivi par ces belles âmes, avides de souffrances, car le frère leur envoie ces paroles pleines de sagesse : « N'allez pas vous imaginer et vous mettre dans la tête que pour faire une bonne et sainte quarantaine, Dieu demande de vous que vous fassiez de grandes mortifications et de longues prières. Le Dieu que nous servons n'est pas un maître dur et intraitable, ce n'est ni un despote ni un tyran qui exige des choses trop difficiles. C'est un maître doux et miséricordieux, un père tendre et compatissant, c'est un ami affectionné. Ce qu'il demande de nous, ce ne sont pas des privations corporelles ; elles ne sont point de votre âge, ni du tempérament de quelques-unes d'entre vous ; ne nous faisons donc pas illusion là-dessus : conduisons-nous par raison et non par imagination ; ne nous flattons pas, mais ménageons nos forces et ayons soin de notre santé. Donnons-lui ce qu'elle réclame, sans scrupule, avec liberté et simplicité d'esprit. Si nous pouvons jeûner, que nos collations ne soient pas trop réduites. J'espère que vous, ma chère Marie-Baptiste, avant de vous astreindre au jeûne et à l'abstinence, ferez ce que la prudence exige dans votre état qui pourrait s'affaiblir, si vous vouliez faire le carême en entier comme votre frère qui est fort et gaillard ; vous consulterez M. le médecin ; et vous savez que saint François de Sales et d'autres grands saints suivaient avec scrupule toutes les ordonnances des médecins.

« Mais quoi ! serais-je donc du nombre de ces ministres infidèles qui, pleins de mépris pour les saintes lois de l'Eglise et pour la salutaire institution du carême, se déchaînent sans cesse contre tout ce qui gêne la nature et sent la mortification ? A Dieu ne plaise, mes chères et bonnes sœurs ; il faut faire pénitence, il faut nous imposer des mortifications, des sacrifices ; mais comme nous sommes composés de corps et d'esprit, il y a aussi deux espèces de mortifications : l'une qui regarde le corps, et l'autre qui regarde l'esprit ; et de même que l'esprit est la plus noble partie de nous-même, de même aussi la mortification de cet esprit est-elle plus agréable à Dieu.

« Ainsi donc, mes bonnes sœurs, beaucoup de modération dans la privation de la nourriture. Ne faites pas non plus de prières trop longues. Les sacrifices de l'esprit et de la volonté, pour tous, consistent à accepter avec résignation, si ce n'est avec joie, les peines, les afflictions, les contradictions, les misères de tout genre, les sécheresses, les ennuis dans le service de Dieu que le Seigneur prodigue quelquefois pour éprouver ses élus, les fautes même de fragilité qui nous échappent ; telles sont les pénitences, telles sont les mortifications qui s'offrent à vous. Le Seigneur vous les ménage ; acceptez-les avec reconnaissance, et parce que parfois et souvent il arrivera à la nature d'éprouver un premier mouvement qui leur sera contraire, rappelez-vous que ce premier mouvement n'est pas en votre pouvoir. Corrigez seulement, modérez le second et Dieu sera content ; il veut être servi avec réflexion. Ne mettez donc point de réserve dans ces privations spirituelles, n'en mettez pas non plus dans les courtes aspirations, dans les élans de votre cœur vers l'aimable Jésus. Adieu mes chères et précieuses sœurs. Ménagez-vous pour que je vive heureux et que je vous aime longtemps.

L'obéissance vaut mieux que le sacrifice.

Tout à vous, pour toujours et sans réserve, dans les Cœurs de Jésus et de Marie. »

Nous nous arrêtons sur cette admirable lettre, remerciant le Ciel de nous avoir donné en M. Franchistéguy l'exemple d'un saint qui sut unir Dieu et sa famille dans un même et ardent amour.

CHAPITRE VIII

LE SECRÉTARIAT. M. BOURDILLON. QUALITÉS DE M. FRANCHISTÉGUY. SA DISCRÉTION ET SON ACTIVITÉ. HONNEURS QU'IL REÇOIT.

Les joies de la famille, ces joies s'épanchant en de si longues lettres, ne détournaient pas M. Franchistéguy de ses nouveaux devoirs. La vie de secrétaire n'était pas en effet une sinécure. Bien que la Restauration eût partagé en trois diocèses les départements qui ressortissaient à l'Evêché de Bayonne, les affaires étaient cependant assez nombreuses pour occuper l'activité du jeune prêtre Tenir la correspondance intime de Monseigneur d'Arbou, faire le travail matériel de copies et d'adresses, de demandes et de réponses, exigé par le service de quatre cents paroisses, suffire aux relations diverses que peut avoir une chancellerie épiscopale avec les pouvoirs publics, c'était une lourde charge pour M. Franchistéguy. Sans doute, les premiers temps, son inexpérience eut des guides qui ne lui firent pas défaut ; sans doute les Vicaires-Généraux qui se succédèrent prirent leur large part des travaux de l'Evêché : honneurs à recevoir ou à rendre ; devoirs d'étiquette, correspondances difficiles n'incombèrent pas tout d'abord à sa jeunesse ; elle eut néanmoins, dès 1832, la plus fatigante besogne. On s'adressait à lui pour les affaires courantes ; chaque jour apportait son contingent de travaux à expédier ; ses loisirs étaient peu nombreux, car, à tout instant, il faut être à son poste pour ne rien laisser traîner en longueur.

Or, il était seul. En arrivant à l'Evêché, il y trouva M. Castera que M. l'abbé Carteron avait appelé à son aide. Malheureusement, cet excellent serviteur ne tarda pas à être frappé d'une paralysie qui le rendit à jamais incapable de de continuer son travail. M. Franchistéguy venait de lier connaissance avec un sourd-muet, bourgeois aisé, qui recherchait la société du jeune prêtre fort expert dans le langage mimique. Bien souvent M. Bourdillon — c'était le nom du sourd-muet — allait se distraire au secrétariat, près de son ami, l'aidant en *amateur*, quand le travail pressait. M. Castera étant tombé malade, le secrétaire demande en plaisantant au sourd-muet, s'il veut être son adjoint. Par affection celui-ci accepte aussitôt, dès ce jour, fidèle et dévoué serviteur de M. Franchistéguy. Seule la mort les sépara ; non pour longtemps, car une même année ouvrit leurs deux tombeaux.

Dans tout état de relations incessantes et diverses avec ses semblables, il faut être ou paraître sans cesse doux, affable, d'humeur prévenante, prêt à entendre mille plaintes, mille rapports contradictoires, obligé pour ainsi dire, de contenter tout le monde sans froisser personne.

M. l'abbé Franchistéguy eut toutes ces qualités. Sa discrétion en particulier était telle qu'on la lui reprochait assez gaiement : « Ah ! pauvre secrétaire, lui écrit le 2 janvier 1835, Monseigneur Hiraboure, alors aumônier à Sainte-Ursule, ah ! pauvre secrétaire, que vous êtes à plaindre ! Vous ne me donnez pas de nouvelles... Eh bien ! je n'en veux pas, gardez-vous tous vos secrets. Quand les titres courront la poste, vous m'écrirez, c'est-à-dire, vous me donnerez des nouvelles, quand elles seront vieilles et que tout le monde les connaîtra ; et encore vous me recommanderez sans doute la discrétion et le silence. Non, je ne veux rien. Soyez secret, secrétaire, ce qu'il vous plaira. »

Ces reproches ne corrigent pas le secrétaire, car l'aumônier le plaisante auprès d'un ami commun : « Et l'abbé Franchistéguy le voyez-vous quelquefois ? Vous le voyez de loin en loin, le soir pendant le souper :

On frappe, on monte, on fait du bruit
Qui va là ? C'est le secrétaire
C'est ainsi qu'il va dans la nuit
Voir ses amis avec mystère.

« Il s'assied. Vous l'invitez, il remercie ; vous le pressez, il s'excuse ; vous le forcez, il soupe avec vous. Après beaucoup d'aimables choses, voici la question du jour ; il s'agit du Grand-Vicaire[1], le colloque est tout-à-fait divertissant.

Est-ce vous ? — Non. — Est-ce moi ? — Non.
Est-ce un tel ? — Non. — Ce n'est personne.
D'être secret a-t-il raison ?
Quel cœur de rocher ! Je bouillonne.

« Oh ! vous avez bien le droit de vous étonner, de bouillonner, de frissonner, de tonner. C'est une colère sainte et un transport légitime. Est-ce que vous êtes un homme sans discrétion, un ami infidèle ? Que craint-il donc ce cher abbé ?

[1] Ce fut précisément M. Hiraboure qui fut nommé grand-vicaire. Il le savait peut-être.

Tout bas, au sein de l'amitié,
Confier un petit mystère
Est-ce un noir crime ? Oh ! par pitié
Ne sachez plus ainsi vous taire...

« Et cependant je l'approuve d'être tant secrétaire ; car pourquoi un secrétaire s'il n'est pas bien secret ? »

D'ailleurs qu'on le plaisante à volonté, notre secrétaire sera toujours un discret secrétaire.

Peu à peu, quand il est capable, si je l'ose dire, de voler de ses propres ailes, les affaires plus délicates lui sont confiées ; les cas réservés, nombreux alors, les formules de dispenses, lui doivent être familiers pour la solution des mille difficultés théologiques soumises à l'Evêché. Aussi lui faut-il souvent revenir à ses livres, car, on oublie vite, si l'on n'entretient les connaissances déjà acquises.

Tenant la comptabilité des diverses œuvres principales du Diocèse, il dut souvent s'occuper de finances. Dans l'apurement des comptes, il notait soigneusement les sommes données et reçues. On le voyait parfois, plusieurs heures de suite, exercer sur des lignes de chiffres son savoir et sa patience. Lorsque le résultat ne répondait pas à ses prévisions, ses lèvres se plissaient, et de nouveau, laborieusement, péniblement, mais sans mauvaise humeur, il recommençait son ennuyeuse besogne. Enfin, quand après maintes vérifications, il ne trouvait pas son compte, allant à sa cassette particulière, il soldait souvent le déficit, de sa propre bourse, si grande était la délicatesse de sa conscience ! Au sortir de ce fatigant labeur, passant la main sur son front, il se contentait de dire à ses familiers : « J'ai la tête farcie de chiffres. »

Ce rude travail ébranlait parfois sa débile santé, car M. Hiraboure écrit à son frère, Sauveur, le médecin : « Que me faites-vous de Fulgence ? Lui communiquez-vous un peu de votre science médicale, et apprend-il à se mieux ménager ? Cette maigreur qui m'effrayait naguère, réussirez-vous à la remplacer par un embonpoint qui bientôt me console et me rassure ? Bientôt, il me faudra le voir, et pour cela, Docteur, c'est en vous que j'espère. Vous lui direz que le repos lui est nécessaire, et avec le repos, les distractions, et pour trouver des distractions en foule, un voyage en Béarn ; il viendra sur votre parole et il se félicitera d'être venu. »

Le secrétaire n'y alla pas, toujours assidu à son difficile travail. Il faut en effet lui rendre cette justice, que malgré ses diverses occupations, il trouvait du temps pour toutes choses. Rappelait-on, en ses dernières années, une affaire, négligée par inadvertance : « Ah ! mon Dieu ! » s'écriait-il, se hâtant de réparer par une plus grande activité l'oubli dont il n'était pas coupable. Il courbait alors son corps fatigué, s'asseyant sur un mauvais tabouret sans appui, écrivant d'une plume rapide des lettres d'affaires ou de spiritualité. Sa correspondance officielle portait toujours l'empreinte de sa belle âme, les formules dont il se servait étant non-seulemdnt polies, mais encore respectueuses. Cela ne veut pas dire que dans sa très-longue carrière administrative il n'ait eu parfois affaire à des caractères susceptibles, faciles à offenser. Néanmoins, il n'eut jamais d'ennemis, sa mansuétude sachant à propos concilier les différends et calmer les cœurs aigris. Devenu official, s'il fut obligé de sévir en de douloureuses conjonctures, il tempérait la rigueur de la sentence par une parole d'encouragement, faisant entrevoir, en cas de repentir, un prompt oubli ou du moins un adoucissement dans la peine infligée.

Les honneurs vinrent récompenser son mérite. Près de donner sa démission, Monseigneur d'Arbou le nomma chanoine honoraire, le 25 mars 1837. Un an plus tard, cet évêque dira adieu à son diocèse, adieu à son secrétaire chéri, lui laissant comme gage de sa sympathie plusieurs objets précieux que M. Franchistéguy conservera pieusement, le long de sa vie. Monseigneur Lacroix maintint à son poste le rude travailleur l'entourant d'une affection qui jamais ne se démentira. Il le nomme chanoine titulaire, le 18 mars 1853, lui offre le titre de Vicaire-Général titulaire que le saint prêtre refusa d'abord. Nommé Vicaire-Général honoraire le 3 mars 1869, il fut, par décret du 26 octobre 1869, agréé comme Vicaire-Général titulaire du diocèse de Bayonne. Nous n'avons pas à juger les actes de son administration ; bien des convenances s'y opposent. On peut seulement dire, pour rendre hommage à la vérité, qu'en toute occurence, il agissait,selon la maxime de Saint Ignace « *Ad majorem Dei Gloriam.* Tout pour la plus grande gloire de Dieu. » Les saints se trompent parfois, Dieu le permettant pour montrer que l'homme le plus parfait est tout faiblesse et infirmité. Heureux du moins celui qui peut, jusque dans ses erreurs, invoquer le témoignage d'une intention pure et d'une conscience droite[1] !

[1] Pour être plus complet, nous aurions voulu dire la part qu'a prise M. Franchistéguy, Secrétaire ou Vicaire-Général, dans la fondation des nombreuses œuvres diocésaines qui ont illustré l'Episcopat de Monseigneur Lacroix. Malheureusement, nos recherches ont été infructueuses.

CHAPITRE IX

L'HOMME DE DOCTRINE. IL COMBAT LE LIBÉRALISME.

Les travaux du secrétariat n'absorbaient pas toutes ses heures. Son activité lui procurait assez de loisirs pour suivre et étudier les controverses qui agitèrent notre siècle. Son intelligence volait haut, pour parler ainsi, et le temps seul lui a manqué pour devenir homme de doctrine éminente. Sa mémoire tenait du prodige ; ni les travaux, ni les soucis de l'âge mûr n'affaiblirent en lui cette brillante faculté. Il se procurait, sur les questions sociales et religieuses, les ouvrages qui avaient eu quelque retentissement, les lisait en entier ou bien parcourait à la hâte têtes de chapitres et tables. Le fruit de ses lectures lui devenait une ressource précieuse aux jours de la lutte. De sa bibliothèque très-riche et très-variée, il connaissait tous les livres, leur place, souvent leur contenu ; au besoin, promptement, il trouvait ses armes de combat. Pour ne laisser rien périr, il collectionnait certains journaux religieux, de sa main mettant en marge des notes ou les titres d'articles à relire. L'infatigable ouvrier espérait pouvoir s'occuper de toutes ces belles choses dans le repos de sa retraite. Douce espérance que Dieu allait tromper !

En première ligne de ses lectures, il mit les documents pontificaux dont il pénétrait son esprit et son cœur. Il écoutait son chef, et, soldat intrépide, il livrait les mêmes batailles que le grand général. Son habileté, son opportunisme, pour dire le mot, son opportunisme — et qu'il est excellent et sûr ! — consistait à marcher sur les traces du Souverain-Pontife et à parler après lui.

A un certain moment, notre saint Père le Pape Pie IX a vu le mal que peut faire l'ensemble des doctrines dites libérales. Sa sagesse infaillible a condamné ce dangereux système qui, octroyant à l'erreur les mêmes droits qu'à la vérité, prétend faussement que par sa puissance seule la lumière l'emportera sur les ténèbres ; cette sagesse a condamné en *thèse* les libertés mensongères qui s'appellent liberté de conscience, liberté des cultes, liberté de la presse ; comme si, chrétiennement, logiquement même, on peut affirmer que le oui et le non en morale religieuse, la doctrine de l'ordre et les théories subversives de la société et des gouvernements, jouissent de droits égaux à vivre sous le soleil ! Qu'en *hypothèse*, vu les circonstances où s'agite l'Église, l'on tolère toutes ces licences afin d'éviter un plus grand mal, la prudence de Pierre n'y contredit pas, tempérant elle-même le zèle excessif des ardents, au besoin implorant pitié pour les Juifs, et leur donnant au Ghetto une liberté jamais tourmentée.

Pie IX fut un lutteur intrépide ; il attaqua au vif ce mal du monde contemporain. Dans ses encycliques, dans ses diverses lettres, le Pontife vigilant prémunissait les catholiques contre cette doctrine qui amoindrit les droits de Dieu pour exalter les droits de l'homme. Le *Syllabus* fut le sommaire des erreurs condamnées ; son apparition souleva d'universelles clameurs dans le camp révolutionnaire. La société moderne s'insurgea contre ce qu'elle appelait un empiètement de la théocratie. La Révolution vit là un défi. La lutte s'accentua plus acharnée, Pie IX ne cessant de combattre qu'après avoir cessé de vivre.

Marchant avec Pie IX, M. Franchistéguy s'éleva avec force contre le libéralisme. Il ne voulait ni compromis, ni connivences coupables[1]. Il écrivait avant 1870. « J'aime bien, Monsieur, votre politique à l'endroit de notre chère France qui va se perdant chaque jour davantage. Mais je ne puis me défendre de vous dire que votre appréciation sur notre bien-aimé Pie IX me paraissait plus saine autrefois, alors qu'avec votre bon ange invisible vous aviez un autre ange gardien pour éclairer votre marche et guider votre inexpérience. Il vous disait au sujet du *libéralisme* des paroles dont vous disiez vous-même : Elles valent de l'or. « Je veux être Romain avant tout. »

« Expliquons cela. Le Libéralisme, le Gallicanisme, l'Ultramontanisme sont trois mots, le premier surtout, dont je voudrais une définition exacte, bien nette, — et qui jettent, dans les rangs où nous devrions, nous chrétiens catholiques, nous placer tous et nous serrer plus que jamais, *une division des plus malheureuses*. Ce que j'ai pu apprendre et ce que j'ai eu occasion de voir, d'observer dans ces 40 ans, me laisse jusqu'à nouvelle lumière, avec les convictions ou du moins avec les impressions suivantes.

« Je ne reconnais, en matière de religion, que des catholiques fidèles et soumis, par la raison que l'Église catholique est en possession de la vérité. Aussi lorsque son chef suprême à qui le divin Maître a dit : « Allez et ensei-

[1] Un jour qu'on parlait devant lui de modération et de tolérance, il s'écria vivement : « *Violenti rapiunt illud.* » Ce qui signifiait : « Point de pacte avec l'erreur! »

gnez » et non point : « Allez et *discutez*, allez et *raisonnez* » élève la voix, ses enfants doivent toujours se soumettre docilement à son jugement.

« Je crois bien que *libéral* et *catholique* sont deux mots qui souvent se heurtent et se brisent l'un l'autre. Je ne parle pas des libéraux purs ; ils sont absolument condamnés.

« Les libéraux n'ont su guère, au moins chez nous, que renverser et faire ou préparer des ruines. En Espagne, ils ne se montrent pas plus habiles pour édifier.

« En effet, l'indépendance, même partielle, en religion, produira peu à peu l'anarchie ou le despotisme en politique. L'amoindrissement du droit divin entraînant toujours la ruine du droit humain, la révolte contre Dieu sera le commencement de toutes les rébellions et de toutes les tyrannies. Aussi la Révolution moderne date-t-elle du protestantisme. »

Son langage est net ; son rôle de combattant lui semble tout tracé ; il doit flétrir la grande erreur de nos temps avec d'autant plus d'énergie que son action personnelle s'exerce sur les plus hautes classes de la société. Il croyait avec raison que tout serait sauvé, si Dieu régnait parmi les grands. En effet, si le peuple est aujourd'hui perdu, c'est-à dire, si le paysan et l'ouvrier ne croient plus, n'obéissent plus, n'est-ce point parce que leurs chefs naturels ne savent pas assez écouter Jésus-Christ et son Église ?

A Pie IX, succéda Léon XIII, la *lumière du ciel*. Arrivant, lui pacificateur, arrivant à une heure tourmentée, le nouveau Pontife vit d'abord qu'il fallait tourner toutes les forces vives de la catholicité contre les grands démolisseurs qui sapaient le christianisme par la base. Le temps avait marché vite ; les utopies les plus insensées, les théories les plus monstrueuses, s'étalaient en plein jour, ayant obtenu comme droit de cité. Contre la Révolution de plus en plus menaçante, il fallait organiser une vigoureuse résistance, et à de rudes coups répondre par de plus rudes coups. Léon XIII sut attirer à la défense de notre foi tout ce qu'il y avait d'honnête, de bon, de chrétien parmi les libéraux.

M. Franchistéguy comprit la tactique du prudent Pontife. Comme le chef suprême, il s'efforca de tout unir, en un troupeau, sous un même pasteur ; à cette œuvre, il employa toute sa douceur et toute sa charité. Dans son âme et sur ses lèvres, sa foi vierge demeurait pure de tout alliage. Au jour propice, il saura pousser le cri de la sentinelle avancée ; pour le moment, sur cette terre où l'Enfer livre à l'Église ses plus redoutables assauts, le prêtre doit pourvoir au danger le plus pressant. Il faut agir et se taire. Bientôt sa parole, si Dieu le lui accorde, n'en sera que plus autorisée, car s'il est beau de parler à temps, ce n'est pas un mince mérite de savoir se taire à l'heure du silence.

CHAPITRE X

SA POLITIQUE. SES PRÉFÉRENCES MARQUÉES POUR LE PRINCIPE DE LA LÉGITIMITÉ. SON AMOUR POUR LA FRANCE ET POUR LE PAYS BASQUE EN PARTICULIER.

« Des questions politiques et sociales, il ne savait et ne voulait savoir qu'une chose, le salut par Jésus-Christ ! C'était un homme de Dieu *Homo Dei*[1]. » Oui, l'amour de Dieu, l'exaltation de l'Église, le règne de Notre-Seigneur, tels furent les mobiles qui dirigèrent M. l'abbé Franchistéguy dans tous les actes de sa vie publique. Il fut pur de toute suggestion de l'égoïsme, insensible aux perfides conseils de l'intérêt ou de l'ambition. Son désir, sa seule passion était de voir Jésus-Christ aimé, la vérité chrétienne connue et pratiquée par les individus et par les nations. Ses idées sur le gouvernement le plus convenable à notre pays lui semblaient être la conséquence de son amour pour Dieu et pour son Église.

On a tant parlé des idées politiques de M. Franchistéguy, qu'il nous faut, sans hésiter, montrer, sous son vrai jour, le caractère de sa foi monarchique.

[1] Lettre circulaire de Monseigneur l'Evêque de Bayonne.

Avec saint Paul, il reconnaissait le souverain domaine de Dieu sur l'univers, professant que tout pouvoir vient de Lui seul. Aussi était-ce une douleur profonde, pour son âme sacerdotale, de penser qu'aujourd'hui Dieu passe pour une hypothèse dont on n'a que faire. Renier Dieu, effacer ce nom sacré du code de la justice humaine, méconnaître cette autorité supérieure à toutes les autorités, n'est-ce pas ouvrir les voies au despotisme le plus sanglant ?

Faire de la politique bruyante, descendre dans cette arène tourmentée où se heurtent tant de passions mauvaises, répugna toujours à la noblesse de son caractère. Il savait trop les haines profondes des partis, la susceptibilité de l'ignorance, l'irritation de l'esprit public ; il savait qu'on est souvent malvenu à parler des iniquités du pouvoir, ayant appris dans l'histoire du passé et le spectacle du présent, les honneurs ou les misères dont tout gouvernement a récompensé, puni un clergé flatteur ou indépendant. Il le savait; et il fut prudent. On ne le vit jamais aduler un régime ; se montrant sans faiblesse, il subordonna toujours les caprices du pouvoir aux lois imprescriptibles de Dieu et de son Église.

Aussi eut-il le droit, à certaine époque, de manifester, de vive voix et par écrit, son opinion sur tel ou tel candidat; il avait strictement le droit — d'autres diraient le devoir — de favoriser celui qui semblait offrir les plus sérieuses garanties pour la religion ; libre à chacun de se ranger à son avis : c'était affaire de convictions personnelles. L'exercice d'un droit ne se pourra jamais taxer d'erreur. La cause de M. Franchistéguy se défend facilement.

Il fut donc une heure où, entre plusieurs partis, M. le Grand-Vicaire favorisa le parti monarchique de la légitimité. Dès son enfance, il s'était épris d'amour pour la race de saint Louis, répudiant les régimes issus de la Révolution. Aussi bien, quatre-vingts ans de guerre sourde ou déclarée contre la sainte Religion de Jésus-Christ l'avaient désabusé des pouvoirs nés de 1789. Il espérait qu'en remontant le courant, en se remettant sous le sceptre des Bourbons, la France reprendrait son titre de Fille aînée de l'Église. Il croyait que seul le parti légitimiste était capable de rétablir parmi nous le règne de Notre-Seigneur. Aussi lui donnait-il son appui en tant que parti chrétien. Par avance, il répudiait la forme du légitimisme libéral : « J'aime bien la légitimité et le légitimisme, écrivait-il, mais j'avoue que le légitimisme de la *Gazette de France* me fait peur. » Nous savons, pour l'avoir entendu de sa bouche, nous savons qu'il ne voulait qu'un roi chrétien ; d'un roi impie ou indifférent, il ne s'en souciait.

Comme preuve de ses sympathies pour la race des Bourbons, il avait dans sa chambre les portraits du duc de Berry et de Monseigneur le Comte de Chambord. « Le Roi » occupait une place d'honneur à côté de Pie IX et de Léon XIII.

Il montra bien en certaine occasion que la religion seule guidait son cœur. On le vit en un scrutin de liste patronner chaudement un homme politique, vieux républicain, son ami d'enfance, lequel avait écrit sur son drapeau cette devise magnifique : « Dieu, Patrie, Liberté. » Il espérait qu'à la Chambre, l'Église aurait en lui un défenseur de ses droits sacrés.

Au reste, ses préférences ne furent jamais un mystère. Il aimait à dire sa pensée, assurant sans ambages à tel autre homme politique très-estimable, très-religieux, mais d'opinion adverse, qu'il le combattrait de tout son pouvoir. C'était de la bonne guerre, et de la guerre à ciel ouvert. On n'avait pas le droit d'en être offensé. En combattant la cause, il aimait l'homme, le montrant à l'occasion. De ses adversaires politiques, nul ne lui garda rancune. On a vu, le jour de ses funérailles, qu'il en était au contraire estimé et vénéré.

Cette sainte vie ne toucha un moment à la politique humaine que par tendresse pour sa chère France. Il se prenait, par intervalles, à penser tristement au redoutable avenir de notre nation. La voyant persécutrice, tellement acharnée dans sa haine contre Dieu, il se demandait avec terreur, si, pour la châtier, la Providence ne lui ravirait pas la foi, ne la réduirait pas à l'état sauvage des peuples sans religion. L'exécution des décrets du 28 mars lui fut une angoisse indicible. Il espérait que le bon sens de nos gouvernants ne consommerait pas l'iniquité. Hélas! il se trompa. Il pria pour les persécutés, il fit prier pour eux, les défendit à tout propos. A ceux qui attaquaient les Jésuites en sa présence, il disait avec autorité « Taisons-nous! Ils ont l'honneur d'être les premiers frappés par la Révolution. »

Cependant les grandes œuvres de la royale Fille du Christ lui donnaient quelque espoir ; son salut, le salut de notre France, il l'attendait des fléaux dont Dieu daignerait l'affliger. Vingt jours seulement avant sa mort, il disait à un prêtre : « La France ne peut être sauvée que par le malheur. » Il eût accepté volontiers l'honneur d'être une victime immolée pour le salut de sa patrie infortunée. Un vrai chrétien et un bon prêtre ne peuvent être que d'excellents patriotes.

De cette France, il chérissait surtout le petit coin qui l'avait vu naître, le pays basque, terre de foi et d'amour profond pour Dieu et son Église. Néanmoins sa douleur voyait le mal pénétrer bien avant en ces tranquilles solitudes. Tel journal révolutionnaire qui se répand dans maintes campagnes le faisait trembler pour la pureté de l'antique religion. Hasparren surtout, Hasparren excitait dans son cœur d'indicibles émotions. Encore qu'il n'y eût passé que peu d'années de sa vie, le sol natal lui était toujours cher. Il avait le culte de sa paroisse, aimant avec passion l'église de son baptême et de sa première communion, pauvre église qui lentement tombait en ruines. Il souscrivit pour une somme importante (2.000 fr.) lorsqu'on fit un appel aux enfants du pays, afin d'en entreprendre la restauration. On l'avait invité à présider à l'inauguration du nouveau temple et il avait promis : encore quelques jours avant sa mort il s'entretenait de cette douce espérance ! On a remarqué dans la dernière tournée pastorale combien joyeux il se trouvait au milieu de ses compatriotes. C'était hélas ! son adieu suprême. Le rêve de son cœur eût été d'abriter ses vieux jours à l'ombre des missionnaires, près de son ami M. l'abbé Deyhéralde que la mort lui ravit naguère. Son affection pour Monseigneur Lacroix, l'obéissance qu'il jura à Monseigneur Ducellier le retinrent à Bayonne. Il désirait n'être rien, absolument rien : vivre et mourir caché à Hasparren eût été son bonheur, vivre et mourir dans son cher pays basque.

Cher pays basque ! Combien il aimait sa langue primitive, si belle, si riche ! Il craignait les tendances qui substituent au parler ancien, langue pure et sans mélange, ces façons nouvelles où le mot basque est remplacé par un mot français, introduit dans l'usage par les honnêtes gens qui suivent et veulent faire suivre le progrès du siècle des lumières. Son vœu était de voir le prêtre, dépositaire en quelque sorte de ce précieux idiome, s'appliquant, en chaire surtout, à donner, par une préparation soignée, des sermons, des instructions dont tout vrai basque ne put désavouer la forme. Il n'acceptait pas les explications du catéchisme en français, d'abord parce que les enfants n'en gardent rien, ensuite parce que sa langue avait l'air d'être mise au rebut. Enfin son cœur s'intéressant vivement à toute tentative faite au profit de ce beau langage, il conservait avec soin quelques rares éditions de livres basques, documents précieux légués aux amateurs par l'imprimerie du XVIIe siècle. Cet amour pour le pays basque et pour sa langue fut l'amour de toute sa vie. C'était de l'enthousiasme au temps de sa jeunesse, car on pouvait lire, en marge d'un de ses livres, cette patriotique exclamation écrite de sa main : « *Biba Eskualdunac!* Vivent les Basques ! » Puisse ce peuple être toujours un peuple de foi, une barrière infranchissable aux ravages du mal !

CHAPITRE XI

SES IDÉES EN MATIÈRE D'ÉDUCATION. MONSEIGNEUR DUPANLOUP. SA BIENVEILLANCE ET SON URBANITÉ LUI GAGNENT TOUS LES CŒURS. ILLUSTRES AMITIÉS. SON AFFECTION POUR SES SUPÉRIEURS.

Son amour pour la France lui fit aimer les enfants, ce doux espoir de la patrie. Les bien instruire, les élever, former leur esprit, former surtout leur cœur était une de ses grandes préoccupations. Une nation tombée, il le savait, ne peut redevenir glorieuse que par l'enfance ; un peuple déchu ne peut recouvrer sa splendeur et son nom que par une génération fortement chrétienne qui réparera ses fautes en expiant ses iniquités.

M. Franchistéguy n'était nullement ennemi de la science humaine ; n'ignorant pas qu'elle est un don de Dieu, il la voulait respectueuse,soumise aux affirmations du dogmecatholique. « En philosophie, a-t-il écrit, l'indépendance de la raison produira tôt ou tard la morale indépendante ; et pour moi la meilleure philosophie est celle qui se reconnaît *ancilla theologiæ* ou la servante de la théologie. » Son esprit n'admettait pas — et sa logique était judicieuse — son esprit n'admettait pas que la science et la foi, rayons émanant d'un même foyer qui est Dieu, puissent se contredire ; aussi la science doit-elle rester dans le doute, mieux scruter les mystères de la nature, lorsque ses déductions ne sont pas conformes aux affirmations de l'autorité divine parlant dans les Saints Livres ou par la voix de l'Église. C'est pourquoi, près du livre de la science, il voulait le livre de la foi, à côté de l'instruction profane l'instruction religieuse, préservatif puissant contre les égarements de l'esprit. Il demandait une foi raisonnable « *obsequium rationabile* » mais aussi une conviction religieuse profonde. La lumière catholique éclairant l'intelligence, la morale chrétienne dirigeant le cœur, c'était là pour lui l'éducation complète. Il ne séparait pas le catéchisme des études littéraires et philosophiques. Cette idée de l'éducation complétée par la science religieuse lui fut si chère qu'il se voua, dans sa jeunesse, à l'œuvre des catéchismes, et qu'à l'âge de soixante-dix ans, il se remit à expliquer aux enfants les détails de la doctrine catholique. C'était un digne imitateur des Gerson et des Bellarmin.

« L'éducation qu'il faut au peuple, disait-il, c'est la religion, quoi qu'on en dise. Il est facile aux philanthropes de nos jours, à ces ardents zélateurs de la science, à ces intarissables parleurs de progrès et de lumières, il leur est facile d'écrire de belles et pompeuses phrases au fond de leur cabinet, d'inventer d'ingénieuses méthodes, de tracer des plans magnifiques sur l'instruction populaire ; ils ne retrancheront ni une heure de leur sommeil, ni une jouissance de leur vie, et souvent ils vendront chèrement leurs stériles leçons. Ah ! le prêtre fait mieux que cela ; il parle peu de son amour et de son zèle pour l'instruction, mais il la donne, il la prodigue, il force en quelque sorte le peuple à la recevoir. Voyez-le dans le lieu saint, toutes les semaines, tous les jours, s'il le faut, entouré d'une foule de petits enfants; avec quelle tendresse il les accueille, avec quelle douceur il leur parle, avec quelle patience il les instruit! Toute son étude, toute son ambition est de descendre jusqu'à leur langage et à leurs idées. Et qu'il y a de la joie dans son cœur, lorsque sa parole et son zèle fécondés par la grâce d'en haut, ont fait germer et croître la piété dans ces âmes neuves encore[1]! »

Le croira-t-on? Un de nos écrivains catholiques les plus distingués a voulu, semble-t-il, rendre un hommage éclatant à l'amour de M. Franchistéguy pour l'éducation de l'enfance, en donnant le nom du saint prêtre, à un pieux et zélé supérieur de séminaire qu'il met en scène dans un de ses gracieux récits[2].

Quoi qu'il en soit, — en conséquence de ses idées, cet admirable catéchiste s'intéressait vivement aux diverses lois qui tendent à régir l'instruction publique en France. Il repoussait de toutes les énergies de son âme l'instruction gratuite, laïque et obligatoire. Le cœur lui saignait à la pensée que les enfants, frêles intelligences toutes prêtes à recevoir de bonnes impressions, allaient désormais être sevrés, dans les écoles, du nom de Dieu et de Jésus-Christ. Il appelait ce libéralisme de l'indifférence et cette liberté des

[1] Sermon sur le sacerdoce.

[2] M. Eugène de Margerie dans un récit intitulé : *Confession de Romain Pagnadorès* donne à un excellent supérieur de séminaire le nom de Franchistéguy. Nous avons eu la curiosité de demander à l'auteur si le hasard ou l'affection avait guidé sa plume. M. E. de Margerie a bien voulu nous adresser la lettre suivante :

Chablis, (Yonne) 25 novembre 1882

Monsieur l'abbé,

J'ai vu deux ou trois fois à Bayonne, en 1849, M. l'abbé Franchistéguy. J'avais conservé de lui un excellent souvenir. Si j'ai donné son nom à l'un de mes modestes héros, c'était grâce à ce souvenir, et aussi à cause de la couleur locale de ce nom. Veuillez agréer etc. EUG. DE MARGERIE.

consciences la tyrannie des consciences. La liberté de l'enseignement supérieur, accordée un instant en 1875, le fit tressaillir de joie ; il pardonna beaucoup à certains libéraux pour la vigueur qu'ils mirent au service de cette noble cause ; il applaudit à cette juste revendication.

Promoteur vaillant des universités catholiques, M. Franchistéguy favorisa de tout son pouvoir les institutions secondaires qui enseignent à l'enfant l'amour du beau et du bien, l'amour de Dieu et de son pays. Se souvenant toujours qu'il était fils de Larressore et qu'il y avait été professeur, il ressentait une inexprimable tendresse pour cette chère maison. Ce lui était fête d'y revenir, d'y présider les distributions des prix, d'y prêcher les retraites annuelles. Aussi demandait-il, peu de temps avant sa mort, à prêcher une dernière retraite au Petit-Séminaire. « Après, je mourrai content » disait-il. Appelait-on un autre prédicateur ? il se réservait néanmoins la préparation des enfants à la première communion ; c'était le lot qu'il s'était donné, la charge annuelle qu'il s'était imposée. Ce troupeau chéri, ces enfants de son cœur, il les traitait avec un grand respect, mettant en pratique la belle maxime des anciens « qu'il faut beaucoup respecter l'enfance. » Il n'avait que des éloges pour le berceau de ses jeunes années. A un enfant qui venait d'être admis au Petit-Séminaire, il disait : « Remerciez bien le bon Dieu d'avoir été reçu dans cette sainte maison. » Les succès de Larressore étaient siens ; ses petits evers 'affligeaient : il croyait être de la famille. On lui avait offert — et il avait accepté avec empressement — de célébrer ses *noces d'or*, aux prochaines fêtes de Noël, dans son cher Petit-Séminaire ; mais il ne voulait ni bruit, ni concours. « En famille » disait-il.

Comme son affection pour le pays basque ne l'empêchait pas d'aimer le Béarn où la foi s'est conservée si vive, malgré les efforts du protestantisme, de même son attachement pour Larressore lui laissait rendre justice au mérite des autres maisons du diocèse. Son estime était singulièrement acquise à Bétharram d'où il voyait sortir, chaque année, une moisson de lévites, instruits à bonne école. Le souvenir de M. Garicoïts lui rendait chers ses enfants : il saluait les disciples d'un saint, reportant sur eux toutes les sympathies dont il avait honoré leur Père.

Pour tout dire, il avait en matière d'éducation, plus que de l'estime pour les idées de Monseigneur Dupanloup, encore que dans la discussion qui s'éleva entre ce prélat et Monseigneur Gaume, il eût parfois incliné pour les sentiments de ce dernier. Mais il se garda bien de tomber dans l'extrême, toujours fidèle d'ailleurs aux conseils que donna le Saint-Siége à cette occasion, acceptant les Actes des Martyrs de compagnie avec les Histoires de Tite-Live et de Salluste. Ainssi il comprenait la méthode de Monseigneur Dupanloup. Ayant eu la douleur de perdre une sœur bien-aimée (Félicité) il fut chargé de l'éducation de son neveu. Il ne trouva rien de mieux que de le conduire lui-même à Orléans où il le confia aux soins de l'illustre Évêque. De ce jour, M. Franchistéguy devint, sans en partager toutes les idées, l'ami de Monseigneur Dupanloup.

Au reste, toute sa vie, qu'il fût Secrétaire ou Vicaire-Général, l'affection, l'amitié profonde et enthousiaste, le noble et saint amour vinrent à lui, l'accueillant à chaque détour de son pèlerinage terrestre. Aussi aurait-il pu se dire l'ami de familles princières, d'évêques éminents, d'hommes célèbres par leur science ou leur sainteté. Nous pouvons citer la royale maison de Parme — naguère hélas ! frappée d'un si cruel malheur[1] — la royale maison de Parme qui se fai-

[1] S. A. R. Madame la Duchesse de Parme, née princesse des Deux-Siciles, a succombé le 29 septembre à Biarritz. Les sympathies de tout un peuple ac-

sait un plaisir de le convier aux solennelles circonstances, Monseigneur Pie, cardinal de Poitiers, Monseigneur Pavy, évêque d'Alger, Monseigneur Plantier, évêque de Nîmes, surtout le cardinal Villecour, ancien évêque de la Rochelle, mort à Rome près de Pie IX, vers 1864. Ce saint prélat éprouvait une singulière affection pour M. Franchistéguy. Ils se connurent à Cauterets, vivant dès lors en un doux commerce de courtoisie et d'amabilités[1]. A Rome où M. Franchistéguy accompagna Monseigneur Lacroix, le pieux cardinal fit visite à l'Évêque de Bayonne, pour lui *voler son cher secrétaire.* Dès lors le prêtre fut dans la Ville Éternelle l'hôte du cardinal. En ces derniers temps, notre saint Vicaire-Général désira qu'on réunît tous les mandements de Monseigneur Villecour et le livre *la France et le Pape*, afin que le souvenir de cette illustre et douce amitié vînt réjouir les heures de sa retraite. Pensée délicate qui ne se réalisera pas!...

Parlerons-nous aussi d'un vivant, de Son Éminence Monseigneur Lavigerie, notre cardinal africain, que M. Franchistéguy aimait et honorait? Aumônier chez M. Brat, il présida à la première communion du futur prince de l'Église et l'inclina vers le sacerdoce. Le témoignage en fut publiquement donné lorsque Son Éminence écrivait naguère : « Si Monseigneur Lacroix m'avait confirmé, c'était M. Franchistéguy qui m'avait préparé à la première communion et qui avait vraiment décidé, lui, ma vocation sacerdotale. » Et le cardinal ajoutait tristement : « La mort du saint abbé Franchistéguy me laisse un grand regret[2]. » Oui,

compagnant au tombeau sa dépouille mortelle, ont prouvé combien fut bon et généreux le cœur de cette auguste exilée.

[1] Le cardinal se permettait parfois d'enseigner le secrétaire. Un jour avant l'offertoire, M. Franchistéguy verse très-peu de vin dans le calice; Monseigneur Villecour s'en aperçoit et va lui dire : « Il y a dans le texte : *Bibite* et non *Gustate* » On n'oublia jamais pareille leçon.

[2] Echo religieux. Lettre du 19 octobre 1882.

il y avait affection intime et réciproque entre le prêtre et l'ancien élève de Saint-Léon. On ne manquait pas de parler des jours d'autrefois, à Bayonne et à Biarritz, où Monseigneur d'Alger venait se reposer des fatigues du climat d'Afrique.

Pourquoi oublierions-nous M. l'abbé Cestac, de sainte mémoire, celui qui a caché sa vie dans les déserts d'une nouvelle Thébaïde ? Vicaire de la cathédrale, l'amour des âmes le dévore déjà ; il ne cesse de dépenser sa parole au service de Dieu, jusque là que Monseigneur Hiraboure écrit un jour au secrétaire : « Levez donc la tête, cher secrétaire, et que l'abbé Cestac n'ait plus le monopole de la chaire de vérité. » M. Franchistéguy aimait son ancien professeur de philosophie. Il se souvenait qu'il rédigeait autrefois les leçons de son maître et que son maître avait conservé de lui des études nombreuses. Ces travaux très-distingués se sont trouvés aux archives de Notre-Dame-du-Refuge. Le secrétaire favorisa de tout cœur l'établissement du *Bon Père* et fut le témoin de la première émission des vœux. Avec Monseigneur Lacroix, il franchit, à pied, par des chemins glacés, la longue distance qui sépare Bayonne d'Anglet, scellant ainsi par un acte de grande mortification l'amitié des jours passés. Le 6 février 1842 doit être un jour béni pour les *Servantes de Marie* qui abritèrent sous leur pauvre toit deux saints et leur pieux Évêque[1].

Des hommes illustres avec lesquels M. Franchistéguy fut lié, nous ne citerons qu'un nom, cher aux catholiques, cher aux pauvres et aux délaissés, cher surtout à la jeunesse, Ozanam, le célèbre professeur de littérature étrangère à la faculté des lettres de Paris, le fondateur des conférences de saint Vincent de Paul. Faisant son pèlerinage au pays du Cid, M. Ozanam connut le Docteur Franchis-

[1] Cf. Monseigneur Puyol. Vie de M. Cestac. Pag. 309.

téguy. De cette intimité, il est resté une série de lettres aimables publiées par M. Ampère, de l'Académie française. Embrasés d'un même zèle ponr les âmes, le prêtre et Frédéric Ozanam se comprirent aussitôt et s'aimèrent toujours. Les premières assises de la charité, à Bayonne, se tinrent chez M. l'abbé Franchistéguy.

Et s'il provoqua ces amitiés fortes et généreuses, il le dut à son urbanité exquise, à sa simplicité, à mille bons procédés, toutes choses qui ne lui coûtaient guère : c'était comme un instinct, comme un élan spontané de sa belle nature. Ermite dans sa cellule, il savait être homme du monde dans un salon. Bien que toute sa personne inspirât le respect il ne laissait pas de prendre, à l'occasion, comme un air de gaieté et d'enjouement. Le mot pour rire ne lui déplaisait pas et les finesses de l'esprit gaulois trouvaient en lui un connaisseur. Oui, il aimait les jeux d'esprit, mais n'en faisait pas. Il se contentait de les apprécier gracieusement. Toujours de bon ton, il ne fut jamais ni bas ni trivial. Tel dans le monde, tel il nous apparaît dans ses épîtres familières, choisissant dans les missives de ses amis ce qu'il y avait de plus doux, de plus délicat pour en faire à sa façon une matière à réponse délicieuse.

C'était un saint aimable qui se faisait estimer et qui de son côté savait estimer. Aussi qu'il appréciait ses collaborateurs ! De quelles louanges ne comblait-il pas leurs qualités ! A l'entendre, tous valaient mieux que lui et toujours le remplaçaient avec avantage.

Nous ne parlerons pas de l'affection dont il entoura ses supérieurs. De quelle reconnaissance n'entourait-il pas la mémoire de Monseigneur d'Arbou ! Pendant plus de quarante ans, il fut le compagnon inséparable de Monseigneur Lacroix qui n'eut ni de confident plus intime, ni de plus fidèle ami, car il l'aima jusqu'à la mort.

C'est une chose délicate de dire l'aimante gratitude dont M. Franchistéguy était rempli pour son dernier Evêque. Son cœur lui rappelait la confiance dont Monseigneur Ducellier l'avait honoré en lui continuant, en 1878, ses fonctions de Vicaire-Général titulaire. Il n'aurait pas refusé la retraite, mais travailler ne lui était pas à charge. Comme saint Martin il disait : « *Domine si adhuc populo tuo sum necessarius non recuso laborem.* Seigneur, si je suis encore nécessaire à votre peuple, je ne refuse pas le travail »[1]. Pour tout dire, il aimait d'autant plus son Evêque que celui-ci lui fournit l'occasion de mettre en œuvre les derniers restes d'une ardeur qui s'éteignait. D'ailleurs si l'éloge ne s'accorde qu'à ceux que l'on aime et estime, l'on peut affirmer que Monseigneur Ducellier rendait à son Vicaire-Général l'affection dont l'entoura le vénéré prêtre. En quelques lignes, quel résumé touchant des grandes et belles vertus de M. l'abbé Franchistéguy ! Comme cette parole épiscopale est bien le panégyrique d'un saint !

Et nous, en terminant le récit de ces gracieux souvenirs, nous adressons au Ciel, pour ceux qu'il a aimés, pour ceux qui l'ont aimé, nous adressons cette prière : « Sur tous ces nobles cœurs et sur toutes ces chères âmes, et sur toutes celles que je connais et dont je ne puis pas parler, et sur toutes celles que je ne connais pas, et sur plusieurs qui sont humbles et inconnues dans les derniers rangs de la foule, sur toutes ces âmes puissent tomber en rosée féconde et céleste les bénédictions[2] » de celui qui leur fut un père, un guide ou un ami dans les tristes routes de l'exil !

[1] Off. de saint Martin.
[2] Henri Perreyve par A. Gratry. P. 278.

CHAPITRE XII

UN AMI : MONSEIGNEUR HIRABOURE. M. CLAVERIE. RÉCITS JOYEUX.

Comme ce jeune homme de l'Evangile dont il est dit « Jésus l'aima du premier regard » *Jesus intuitus eum, dilexit eum*, ainsi M. Franchistéguy fut aimé par un grand et noble esprit : Monseigneur Hiraboure. Né à Bayonne, en 1805, l'illustre Evêque appartenait à une très-honorable famille. Il fit ses premières études chez M. l'abbé Dargagnaratz et débuta, dans la carrière de l'enseignement, à Larressore, où il ne tarda pas à professer la Rhétorique avec un incomparable succès. On dit que la première année, le maître était moins âgé que le plus jeune de ses élèves. Enveloppé dans la mesure qui dispersa, sous Monseigneur d'Arbou, les professeurs du Petit-Séminaire, il fut nommé Vicaire à Saint-André de Bayonne et peu après aumônier à Sainte-Ursule à Pau. C'est là que Monseigneur Lacroix le prit pour en faire son Vicaire-Général. Il n'avait que 34 ans. Après avoir exercé son zèle chez les Dames de Lorette et les Filles de la Croix, il devint Archiprêtre de Saint-Martin de Pau en 1852. De passage en cette ville, l'Empereur Napoléon III fut frappé de la distinction de cet ecclésiastique qui lui souhaita la bienvenue dans un admirable discours. Quelques jours après, un décret impérial nommait M. Hiraboure à l'Evêché d'Aire. Une mortelle chute le ravit bientôt, au mois de mai 1858, à l'enthousiaste amour de ses diocésains.

Tel était l'homme qu'une tendre et inaltérable amitié unit, jusqu'à son dernier soupir, à M. l'abbé Franchistéguy. L'amitié, sanctifiée au soir où le disciple inclina sa tête sur le Cœur du divin Maître, l'amitié s'épenchant en de pieuses effusions entre Basile et Grégoire, qu'elle fut douce et enjouée, entre l'élève et le professeur, entre le secrétaire et le futur Evêque ! Ils s'écrivaient longuement, bien longuement. De ce commerce épistolaire nous connaissons une lettre écrite au jeune secrétaire par M. Hiraboure alors aumônier à Sainte-Ursule. C'est un chef-d'œuvre de grâce et de gaieté nous montrant au vif les deux saints qui s'amusent en d'innocentes causeries. M. Hiraboure raconte les multiples et aventureuses péripéties d'un voyage en Espagne. De cette ravissante lettre, nous regrettons de ne pouvoir donner que des extraits qui serviront à faire connaître et aimer ces deux grands cœurs.

Pau, le 19 janvier 1835.

« C'est aujourd'hui saint Fulgence, la fête d'un grand Evêque qui est au Ciel et d'un petit secrétaire qui est encore sur la terre. Au premier j'ai adressé d'humbles prières ce matin ; au second j'adresse de tendres souhaits en ce moment. Oh ! soyez ce que vous désirez être ; mais soyez aussi ce que je désire, moi, que vous soyez. Et pour dire ma pensée, soyez plus saint chaque jour, mais, chaque jour aussi, soyez moins secrétaire.

« C'est aujourd'hui saint Fulgence ! Et je ne suis pas là, en face de votre tabouret, qui est votre trône à vous, pour offrir à votre Majesté l'hommage de mes respects et de mes craintes ! Qui m'eût dit, il y a un an, quand je vous trouvai si aimable et si gracieux, que le jour de votre colère allait venir et qu'un souffle de votre bouche allait me jeter, mourant de honte et de douleur, sur la terre étrangère, qui me l'eût dit ?... Mais la chute n'a pas brisé tous mes os : grâce à moi et à mon courage, je vis encore et je vis content, heureux, plus heureux peut-être qu'avant ma disgrâce, si je n'avais le regret de ne pouvoir baiser votre main qui m'a frappé et vous dire : Je vous rends grâce de mon exil !

« C'est aujourd'hui saint Fulgence ! Et qui donc me l'a dit ? L'almanach ? Je n'en ai pas. Le calendrier des bureaux ? Je n'en ai pas. Le directoire des sacristies ? Mais où donc est-il votre directoire ? Et quelle est cette paresse de vos doigts, cette inaction de vos presses, ce sommeil de vos bureaux, cette omission sans motif, sans excuse et sans pardon ? car on ne vous pardonne pas, sachez-le bien, et toute erreur où l'on tombe, toute faute que l'on commet, sans pitié on vous la jette à la tête, et l'on se rassure en disant : Ils en répondront ! Heureusement vous êtes un prodige ; et, semblable au juste d'Horace, rien ne vous émeut, rien ne vous trouble. Voici un homme qui, en face de ce candide troupeau dont vous l'avez fait le pasteur, chaque jour se surprend à regretter tous les enfants qu'il rencontrait dans la rue, et quoique indociles, grossiers, frondeurs, c'était son cher troupeau à lui ; un à un il se plaît à compter les jours si doux et si tranquilles qu'il coulait au sein de l'amitié, et puis sans amertume et sans aigreur, mais avec tristesse et en pleurant, il vous jette ces paroles : De mes beaux jours, c'est vous qui avez tari la source ; de mon bonheur, c'est vous qui avez coupé la racine ; de mon troupeau, c'est vous qui avez frappé le pasteur, et peut-être les agneaux seront dispersés! Que d'autres yeux dont vous faites couler les larmes, que d'autres esprits dont vous attristez les pensées, que d'autres cœurs à qui vous arrachez des plaintes et des soupirs! Et vous, au milieu de toutes les ruines que vous faites, vous demeurez calme et serein; le monde s'écroulerait : *Impavidum ferient ruinæ.* Vous ririez de sa chute... si elle vous permettait d'en rire.

« Au moins, je suis sûr que vous riez de ma digression présente. Je voulais seulement vous dire que sans almanach, sans calendrier, sans directoire, j'ai bien su qu'aujourd'hui c'était saint Fulgence. C'est que mon cœur l'a deviné.

« Et maintenant que vous voilà fatigué, corps et âme, de lire toutes ces extravagances dont ma plume ose vous outrager, ce serait mal, n'est-ce pas, de vous conter mes courses aventureuses d'au-delà des monts? Et c'est chose déjà si vieille, d'ailleurs si prosaïque, et qui, par moi écrite, n'aurait pas le bonheur d'être par vous goûtée.

« Qu'il vous suffise de savoir que je suis allé en Espagne sur un cheval ou sur un mulet; c'est tout un, voyez-vous, et voici l'histoire que je vous garantis. Le bon curé de Villefranque, si bien surnommé le vieux apôtre, tombe un jour à Larressore. — Quoi! vous ici, Monsieur le Curé; mais vous n'êtes pas venu à pied? — Non, M. le Supérieur, je suis venu dans un cheval, c'est-à-dire, dans un mulet, c'est la même chose...

« Ici, force m'est de suspendre ma relation. — M. l'abbé, voila un paquet bleu qui vous arrive. — Tant pis! quand c'est à mes amis que je parle, je n'aime pas à être interrompu. — Je régarde : c'est bien lui, cet ami à qui je parlais qui va me parler lui-même et d'une voix si douce, d'un ton si gracieux! Du secrétaire je n'attends nul secret; mais de l'ami, je suis sûr qu'il vient en foule des consolations à mes peines, des charmes à mes ennuis, des jouissances à mon cœur. Vite, parlez-moi, j'ai faim et soif de vous entendre... Je vous ai lu, relu avec délices ; vous êtes si rieur, si caressant ! Non, vous n'étiez pas cloué sur votre tabouret, quand vous laissiez tomber de votre cœur ces jolies choses ; une plume officielle n'écrit pas ainsi ; et s'il y a de l'ange en vous cette fois, d'autres fois il n'y a même pas de l'homme.

« Et notre Docteur, savez-vous l'idée qui m'est venue en lisant sa lettre et qui m'est restée après l'avoir lue ? C'est qu'il a voulu mettre à une difficile épreuve la transparence de mes lunettes, la pénétration de mon regard, ou mieux encore, celle de mon esprit. Quelle façon d'écrire ! Si je ne m'étais déjà reconnu quelque peu sorcier, aujourd'hui j'aurais eu la preuve que les sciences occultes ne me sont pas tout à fait étrangères. C'est vraiment un tour de force, et je m'en glorifie plus que de vingt énigmes, charades, logogriphes que j'aurais expliqués. Comme vous, je tremble que ses prescriptions, pour avoir été mal écrites et mal lues, ne finissent par tuer le malade qu'elles devaient guérir ; n'est-ce donc pas assez de tuer eux-mêmes, et veulent-ils, dans leur œuvre de destruction, s'aider encore du concours des pharmaciens ?...

« Ici je suspends cette pâle et ennuyeuse narration que, pour vos péchés, et en particulier pour vos péchés de trop secret secrétaire, je vous donne à subir. *Contraria contrariis.* Ce sont les bonnes pénitences. Je vous punis de ne parler point assez, en vous faisant trop écouter.

« Savez-vous ce que je lisais hier dans deux journaux à la fois ? Ces paroles : « On assure que M. l'abbé Thibault[1], Chanoine de la métropole et prédicateur distingué, est

[1] Chanoine honoraire de Paris, chanoine titulaire de Bayonne, évêque de Montpellier, pendant 26 ans (1835-1861).

nommé à l'Evêché de Montpellier. » Voilà sans doute l'abbé Dassance [1], Vicaire-Général ; et je sais qui sera secrétaire. Le devinez-vous ?...

« Si l'envie vous prend d'être saturé d'ennui, dites un mot et je vous envoie de longs mémoires historiques sur mes aventures d'Aragon. Cela sera anti-pittoresque. Ce n'est pourtant pas le sujet qui est sec, aride, infécond ; c'est moi qui n'ai pas vos grâces de style, vos richesses d'imagination, votre talent de décrire et de peindre ; une abondance stérile, une oiseuse faconde, l'art de dire en beaucoup de mots peu de choses, voilà bien (*aut ego fallor*) tout mon être d'écrivain et d'orateur, et c'est à moi surtout qu'est applicable l'axiome que voici : « Qui ne sut se borner ne sut jamais écrire » et c'est moi surtout qui dois me rappeler le précepte que voilà : « Oh ! ne vous chargez pas d'un détail inutile » Ne dites pas que je fais le modeste ; avec vous je ne sais qu'être vrai ; avec vous, quand je me caresse, ce n'est pas vanité ; quand je me mords, ce n'est pas modestie ; c'est la bouche qui parle ou la plume qui écrit de l'abondance du cœur, et qui interprète, selon la justice et la vérité, mes pensées et mes sentiments.

« Veuillez donc me dire, s'il vous faut écrire mon voyage d'Aragon. Mais je vous avertis ; ce travail me coûtera du temps ; savez-vous bien que j'ai à prêcher neuf fois pendant la sainte quarantaine ? Mais vous, quelle est donc cette timidité, quels sont ces scrupules qui retiennent vos lèvres captives et condamnent au silence et à l'obscurité d'un secret portefeuille des productions qui sont à vous, certes, bien plus légitimement que le trône n'est en France à celui qui l'occupe ? Levez donc la tête, ouvrez la bouche et que l'abbé Cestac n'ait plus le monopole de la chaire de vérité. Faites

[1] Vicaire-Général de Montpellier, traducteur estimé du *Concile de Trente* chanoine titulaire de Bayonne. Il refusa l'Evêché de Pamiers.

que bientôt l'on m'écrive : L'abbé Franchistéguy a prêché avec grâce, avec force, avec éloquence. Et moi j'ajouterai tout bas : Celui qu'on fait Evêque fut secrétaire aussi, et il prêcha, et il devint chanoine, et il prêcha encore, et de chaire en chaire, il s'éleva jusqu'à celle des Pontifes. Et pourquoi l'avenir ne ressemblerait-il pas au passé, et un homme à un autre homme?... Mais vous n'êtes pas ambitieux et vous avez raison... Dans votre dernière lettre, vous m'avez envoyé un plein paquet de vieilles nouvelles ; je ne vous remercie pas de votre tardive complaisance. D'ailleurs je vous avais dit : Secrétaire, gardez vos secrets ; mon ignorance de vos mystères me fera mieux dormir mon sommeil, mieux retenir mon esprit en paix et ma langue en silence.

« Pensez à l'exilé ; je ne murmure pas, je ne pleure pas, je dis avec Oreste : Eh bien ! je suis content et mon sort est rempli. Dans ma classe de Rhétorique, à Larressore, j'aurais déclamé ce vers avec ironie ; ici dans ma classe de vie ascétique, je le récite avec simplicité. »

Le nom de Larressore éveille mille souvenirs. Là tous deux avaient un ami, un père qu'ils entouraient de vénération. Eux ont quitté Larressore et presque avec eux il en est parti. Comme l'arbre tourmenté par la tempête a vu, avant d'être déraciné, ses feuilles emportées par les vents de l'automne, ainsi M. Claverie a douloureusement assisté à la dispersion de ses disciples et amis, exilé à son tour loin de ce Larressore qu'il avait tant chéri. Voyez si le cœur de M. Hiraboure lui est encore chaudement attaché : « Voici une lettre qui m'arrive, et mon cœur l'eût devinée, quand mon œil ne l'aurait pas reconnue. C'est bien lui, mon bienfaiteur et le vôtre, votre père et mon père. Je reviendrai à vous dans quelques instants. M. Claverie m'appelle et je vole... Je l'ai lue, sa suave et touchante lettre et j'en pleure ! Lui aussi rencontre donc des ingrats, et la fidélité au malheur est rare autant que la fidélité au devoir. Quelles paroles et quelle charité, et que cet homme est aimable, attachant ! Que lui importent les amitiés de la terre ? Il se détachera d'ici-bas et prenant son âme à deux mains, toute entière il la jettera dans le sein de Dieu. Vous du moins, j'en suis sûr, vous l'entourerez de respect et d'amour, et vous oserez lui demander deux choses que nul autre ne vous donnera mieux, la leçon et l'exemple. Et quand il venait à Bayonne, vous m'avez forcé de m'en aller loin de vous et loin de lui. Barbare !... Mais non, je baise ma chaîne. »

Et avant de finir, encore un mot de ce cher Petit-Séminaire ; il y a de l'émotion, des larmes dans sa voix, quand il parle une dernière fois de Larressore, et des confrères qu'il y a laissés, et des vieux murs qui vont à jamais disparaître, et de celui qui ne préside plus aux destinées de cette maison bénie : « Vous auriez pu me dire ce qu'est devenu notre Larressore, si l'on est actif à renverser ce qui était, à construire ce qui n'était pas, si l'on y rit, si l'on y tremble, si tel va se réhabilitant, si tel autre va s'usant et s'envieillissant, si enfin l'année prochaine sera celle du renouvellement intégral. Et les ruines encore fumantes de ce tant superbe édifice, vous pourriez me dire où et comment elles gisent dispersées. Celui qui en était le faîte et le glorieux couronnement, M. Claverie, doit avoir sa place dans toute lettre que vous m'écrirez, èt après toute lettre que je vous infligerai, moi, j'exige que vous alliez lui dire que je l'aime et le vénère, que je suis plus à lui peut-être *après*, *qu'avant* et *pendant* son mémorable règne. C'était bien régner cela ; posséder tous les cœurs et y jeter profondément avec la confiance et l'affection l'estime et le respect. »

M. Franchistéguy n'eut garde d'oublier les recommandations de l'aumônier. Bien souvent il allait rappeler ces doux souvenirs à M. Claverie devenu chanoine titulaire ; et tous les mardis, après un frugal repas, on discutait, le soir, entre amis, de philosophie et d'histoire, de science et de littérature. Un invincible penchant attirait l'ancien supérieur vers l'enseignement. Il caressait toujours l'espoir de fonder une école à Bayonne. Mais il mourut avant d'avoir réalisé son dessein.

Enfin Monseigneur Hiraboure termine sa très-longue lettre par une prière et l'assurance de son amitié : « Adieu. Parlez de moi à vos parents et aux miens, à vos amis et à mes amis. Je vous aime dans le Seigneur en chrétien et en prêtre. »

N'est-ce pas que tout cela est charmant, affectueux ? N'est-ce pas que la bonne humeur et la gaieté règnent entre ces deux saints ? « Heureux temps, dit-il ailleurs, que celui où l'on peut être tout à soi et à ses amis !

On leur écrit, on les plaisante,
On leur parle à tort, à travers,
Tout leur est bon, tout les enchante
Et plate prose et méchants vers.

« Il y a des gens si difficiles,si ombrageux qui ne savent pas rire d'une petite malice — *sans médisance* — d'une saillie fine et spirituelle. Oh ! Dieu nous préserve de ces esprits !

Avec vous, on n'est pas gêné,
On dit tout haut ce que l'on pense ;
D'un bon mot celui qui s'offense,
Fi donc ! c'est un cœur mal tourné ! »

Cette correspondance gracieuse évoque un passé qui est bien loin de nous. Hommes et choses de ce temps y sont appréciés avec une finesse et une bienveillance exquises. C'est comme une galerie où nous voyons passer sous nos yeux : M. Baillès, futur Évêque de Luçon, alors supérieur du Grand-Séminaire et Vicaire-Général, jugé digne par la voix publique, bien avant 1840, du sublime honneur de l'Épiscopat. — M. Ricau « environné de respect et d'amour » par ses paroissiens de Saint-Jacques. — M. Dassance qui disait de la grande vertu de M. Franchistéguy « Je voudrais, à l'heure de ma mort, n'avoir à me reprocher que les plus gros péchés de ce saint. » — M. Celhay, aumônier de l'hôpital militaire, le prêtre qui fut peut-être à Bayonne le plus populaire du siècle. — M. Arbelbide « le bon pasteur de Saint-André » — et près de lui M. Dompmartin, le père du soldat, le consolateur des pauvres, « si vénérable par son âge et par ses vertus, le plus aimable et le plus aimant des hommes » — et celui qui disait une étrange parole : « Il fait bon d'avoir pour amis jusqu'aux esprits de l'abyme » le pauvre fou de Hasparren, M. Diharce de Bidassouet qui, dans son histoire des Cantabres, prouvait par de multiples raisons qu'Adam et Ève parlaient le basque dans le Paradis terrestre — et encore M. Duhalde « un parfait aumônier qui aura son tour dans mes lettres, dit M. Hiraboure. Cher secrétaire, annoncez-lui que j'ai voulu d'abord expédier le commun des saints pour mieux fêter les saints propres et de ma dévotion. Il est de ceux-là et vous aussi. » — et puis Don Jérôme, « le castillan Don Jérôme, vrai type de sa nation, gravement assis sur un banc, là-bas, près de la porte d'Espagne » — et enfin plusieurs honorables familles bayonnaises que nous ne nommerons pas — et parmi elles, une préférée, celle que MM. Hiraboure, Franchistéguy et Celhay entourent de respect.

« Nous voilà chez vous, Monsieur l'aumônier de l'hôpital militaire, écrit-il un jour,

Tournons à droite, il est là-haut
Une famille fortunée ;
A cette famille il nous faut
Porter nos vœux de bonne année.

« Vraiment, madame F*** peut être fière de ses enfants ; ce sont de si gracieux visages d'ange ! Son Charles est un gentil petit garçon. Et cette vocation que vous fîtes naître en lui, l'a-t-il toujours ? Oui sans doute :

C'est vous qu'il prend pour son modèle,
C'est vous qu'il imite avec zèle,
Il vous suit d'un pas assuré
Et fera certes un beau curé[1]. »

Ainsi écrivait M. Hiraboure. Chaude et dévouée, l'amitié de M. Franchistéguy nous paraît en ces lettres resplendir toujours d'un noble caractère : la fidélité. Et en effet, il ne savait pas s'attacher pour un jour, en cela bien différent de ces âmes légères qui ne veulent que s'ébattre un instant à la lumière d'une parole ou d'un regard !

[1] Le petit Charles est devenu, non pas un beau curé, mais un homme politique fort en vue. Espérons que le souvenir de ceux qui l'aimèrent tant, et en particulier les prières de M. l'abbé Franchistéguy, demeuré toujours l'ami de la famille F..., l'aideront tôt ou tard à sortir d'un parti pour lequel le cléricalisme c'est l'ennemi.

CHAPITRE XIII

SON AMOUR DES AMES. SA PRÉDICATION. CARACTÈRE DE SA PRÉDICATION.

M. Franchistéguy inspira tant et de si vives sympathies parce qu'il aimait surtout les âmes. Des âmes ! Des âmes ! Là fut son amour, là le ressort de ses actions les plus communes. « Il les aimait passionnément et mettait à les diriger, à les poursuivre, à les sauver, toutes les ressources et toutes les énergies de son zèle. Pour lui, sauver des âmes, conquérir et ramener des âmes à Jésus-Christ, c'était bien *l'unique nécessaire*[1]. » Il voulait vivre, se dépenser et mourir à leur service : « Chrétien des anciens jours, à l'âme fortement trempée, au cœur chaud et dévoué, prêtre d'une foi robuste, ardente et communicative, il semblait entendre sans cesse la parole de l'Apôtre : « Malheur à moi, si je ne répands pas la nouvelle du salut : *Væ enim mihi est si non evangelizavero*[2]. » Toujours à son oreille retentissait l'impérieuse voix du divin Maître : « *Predicate Evangelium omni creaturæ*[3]. »

[1] Lettre circulaire de Monseigneur l'Evêque.
[2] Ib. I Cor. IX. 16.
[3] Marc. 15. 16.

Qui fut en effet plus que lui respectueux de la parole de Dieu ? Avait-il entendu un sermon, surtout un sermon de retraite ? Aussitôt il le résumait, s'assimilant de la sorte, pour en faire profiter les âmes, les conseils, les instructions des plus célèbres prédicateurs de l'époque. Ainsi, Monseigneur Cœur, mort Évêque de Troyes, Monseigneur Dufêtre, mort Évêque de Nevers, Monseigneur Sourieu, récemment promu à l'Évêché de Châlons, le P. Nègre, M. de Place et M. Combalot ont passé, si je l'ose dire, au creuset de son analyse. On le voyait aux prônes de la cathédrale, secrétaire, chanoine, Vicaire-Général, se rendre au banc d'œuvre ou s'approcher de la table sainte afin de mieux profiter de la parole sacrée. L'orateur lui importait assez peu ; le moindre vicaire représentait à ses yeux Notre-Seigneur Jésus-Christ. Il s'inclinait sous cette jeune parole, donnant parfois à l'inexpérience des conseils sur la prédication contemporaine. Sans dédaigner les charmes du bien dire, il préférait les instructions nourries, mises à la portée des fidèles, aimant « dans la chaire évangélique le prêtre qui ne recherche pas les ornements d'une vaine éloquence. Sa parole est toujours simple parce que c'est toujours un père qui instruit ses enfants. S'adressant à tous les âges et à tous les états, son zèle embrasse toutes les formes et revêt toutes les couleurs[1]. » En cela il demeurait fidèle aux traditions des saints qui parlent pour édifier, non pour se faire admirer.

Pour lui, joignant l'exemple au précepte, c'était un véritable apôtre de Jésus-Christ. Sa parole n'était pas d'un rhéteur avide de belles phrases, mais d'un missionnaire qui veut remuer et convertir. Au commencement, les premières années de son sacerdoce, il n'osait guère affronter les tourments de la parole publique. Cependant son premier sermon

[1] Sermon sur le sacerdoce.

fut presque un triomphe oratoire. Ses amis qui auguraient bien de son talent désiraient vivement l'entendre. L'un d'eux avise son père que tel dimanche le jeune prêtre prêchera à Saint-André pour la première fois. M. Franchistéguy arrive à Bayonne, à l'insu de son fils, va se cacher derrière un pilier de la vieille église des Capucins et verse des larmes de joie en entendant cette voix aimée, jeter, pendant une heure, des accents d'une incroyable ardeur. Sur le soir, l'ami réunit en de fraternelles agapes, le père et le fils, tous deux frémissants encore des émotions de ce jour. Le père se laissa féliciter, le fils reporta vers Dieu les louanges dont on salua les prémices de son éloquence.

Néanmoins ce succès ne put vaincre sa naturelle timidité ; il lui fallut du temps avant de s'aguerrir ; l'heure vint enfin où la chaire ne l'effraya plus.

Elle était chaude, entraînante, cette parole du juste tonnant contre le vice ou célébrant la vertu. Lui si chétif, presque sans voix, se transformait tout à coup, nous apparaissant comme un véhément orateur sacré. Le feu et l'onction furent le caractère principal de cette impétueuse éloquence, réalisation vivante de ce que demande le Romain : « *Pectus est quod disertos facit.* » Ses sermons écrits étaient bien composés, dans le genre des sermons des XVIIe et XVIIIe siècles. Les trois parties, les divisions et subdivisions, avec exorde et péroraison, se retrouvent en presque tous ses discours. Il aimait l'ordre ; pour captiver l'attention de son auditeur, il croyait nécessaire d'indiquer d'abord les lignes générales et comme le chemin à parcourir. Prononcé, son sermon n'était souvent plus le même. Sa parole se ressentait de la flamme de son cœur, coupée, saccadée, brusque, la période parfois se prolongeant dans une improvisation, jusqu'à ce que la voix s'éteignit, période où synonymes et épithètes énergiques se pressaient comme en ligne de bataille. C'était de 'abondance, parfois de la diffusion, nullement de la vulgarité. L'idée était si belle, l'expression si noble, que l'orateur pouvait se répéter, s'abaisser jamais.

Si M. Franchistéguy ne fut pas orateur de renom, c'était du moins, jusqu'en ses derniers jours, un prédicateur recherché. « Qui prêche aujourd'hui, disait-on à Bayonne? — C'est le *Séraphin.* » On s'empressait d'aller l'entendre. Au reste bien des qualités prévenaient en sa faveur : une physionomie heureuse et souriante, le regard d'une douceur vive, le geste agréable, une voix sonore à mesure que le cœur s'enflammait, et, dans toute sa personne, comme un rayonnement de sainteté qui attirait et touchait les âmes.

Faut-il le dire cependant? Il avait trop de facilité. Il avouait lui-même être affligé d'un considérable défaut, ses sermons outrepassant les bornes d'un ordinaire discours ; sans cesse son esprit et son cœur trouvaient des accents à jeter sur un auditoire depuis trop longtemps attentif. Dans une retraite à Larressore, il nous prêcha pendant plus de deux heures, et que de choses encore il regrettait de n'avoir pas dites! Il se le reprochait, ce défaut, et disait en riant que jamais orateur ne reçût leçon pareille à la sienne. « Le jour de l'installation des RR. PP. Bénédictins, à Labastide, on m'a obligé de descendre. On eût certes grandement raison, car je ne sus pas m'arrêter. » Il acceptait les allusions que l'on pouvait faire à ce sujet. Remplaçant Monseigneur Lacroix à une distribution des prix à Larressore, il parla en ces termes : « Mes chers enfants, Monseigneur me charge de vous lire la lettre qu'il m'adresse. Ainsi, vous n'aurez pas à subir un de mes longs discours ! » Sur l'estrade, on applaudit ; à ce signal, il y eut comme une explosion unanime : ce fut un véritable tonnerre d'applaudissements. M. Franchistéguy, admirant le spectacle, comprit, se mit à rire, et, pour ce jour, ne fut pas long.

Il s'accusait de ce défaut, croyant ne pas donner assez de temps à la préparation. Sur un cahier, il écrit : « Sermon pour la Pentecôte. — Préparation négligée. — Pas assez soigné. — Trop long : une heure. » Il parlait assurément par humilité. Vous l'auriez vu dans son cabinet de travail écrire les discours qu'il devait lire ou prononcer, vous l'auriez entendu, récitant, déclamant le jet de sa plume. Cette voix fatiguée, s'exerçant dans la solitude, même après quarante ans de ministère, que dis-je? jusqu'à son dernier jour, cette voix s'exerçant, afin que la parole sacrée fût moins indigne de la grande mission du prêtre, quel exemple et quelle leçon pour tous ceux qui vivent dans le sacerdoce ! Toujours il se préparait avec soin. L'heure venue, promesse d'être court ; pour calmer toute crainte, il disait triomphant : « J'ai écrit ! » et montrait la feuille de papier. Oui, il commençait à lire ; mais bientôt le cœur s'échauffant, la lecture était chose trop froide : le voilà improvisant un nouveau discours ; il s'était oublié... et puis branlant la tête : Ah ! disait-il, encore trop long !

L'effrayante activité de M. Franchistéguy opérait des prodiges ; lui, l'homme de cellule, qui se reprochait presque sa paresse, ne se lassait pas d'écrire. Ses résumés et analyses, ses discours de circonstance, ses sermons et catéchismes fourniraient amplement la matière de plusieurs in-folio, et nous ne parlons ni de ses lettres d'affaires, ni de ses lettres de direction spirituelle. On ne peut qu'admirer cet immense travail répandu en de nombreux cahiers de tout format, bien soignés d'ordinaire, cousus, proprement rédigés, preuve irrécusable d'un labeur appliqué et continu. Ses sermons étaient souvent écrits sur un large papier; il laissait d'habitude une grande marge où il couchait les idées et les corrections que les circonstances lui inspiraient ; de plus, pour ne rien donner au hasard, craignant même de se fier à son angélique mémoire, il mettait parfois sur une feuille spéciale le commencement de tous les alinéas de son sermon : c'était son memento. Il estimait tous ces moyens matériels propres à faire de lui un moins indigne ministre de la parole sainte.

Et en effet, il honora toujours son divin ministère : sa prédication était excellente et portait les meilleurs fruits. Il fallait voir combien les enfants eux-mêmes se montraient avides de l'entendre ! Qu'ils se rendaient dociles aux conseils du vieillard, qui, près d'eux, avec eux, se faisait petit enfant, pour les instruire et les sanctifier ! Tous les âges d'ailleurs y trouvaient leur profit, et au sortir de ses instructions, on se prenait à dire : « *Nonne cor nostrum ardens erat, dum loqueretur ?* Ne sentions-nous pas nos cœurs brûler d'amour sous cette ardente parole[1] ? » Les morts ressuscitaient ; les tièdes retrouvaient le feu sacré. C'était un saint qui parlait ; comment n'aurait-il pas remué et converti les âmes ?

[1] Luc 24. 32.

CHAPITRE XIV

LA SAINTETÉ. PRÉPARATION A LA MESSE. LE SACRIFICE. L'ACTION DE GRACES. LE CONFESSIONNAL.

« *Le Saint ! le Saint est mort !* » Telle fut la louange décernée à M. l'abbé Franchistéguy, au jour de ses funérailles par la voix de tout un peuple en deuil. « *Le Saint est mort !* » tel, le cri qui s'échappe de tous les cœurs à la nouvelle de ce trépas inattendu.

La sainteté est l'ensemble de toutes les vertus recommandées par le Maître. Elle est rare parce qu'il est difficile de combattre ses mauvais penchants, plus difficile encore d'en triompher. Où se trouve cette force victorieuse, là se trouve la sainteté, joie pour l'Eglise, étonnement pour le monde qui ne comprend rien aux choses de Dieu. Quelle folie pour lui, le spectacle d'un homme amoureux de pauvreté, de sacrifices, domptant sans cesse, mal gré qu'elle en ait, la nature frémissante et rebelle !

Les saints sont les messagers de Dieu. Il les envoie à son Eglise pour la faire resplendir au milieu des ténèbres d'ici-bas. Ils viennent à l'heure opportune, apportant à leur siècle malade remède et guérison dans les infirmités dont il est tourmenté. Tout saint a comme sa sphère, où il s'agite ; celui-ci vivant sur une scène où il sert de flambeau à des peuples entiers ; celui-là inconnu et caché, adressant au Ciel, dans la solitude, de ferventes prières pour le monde qui se moque des saints : ils sont unis en un centre commun : la foi, l'espérance et l'amour.

Chaque âge a produit une floraison de martyrs, de vierges, de confesseurs. Nos jours en seraient-ils privés ? Comme le disait de son temps le P. de Condren, époque des guerres de religion et des troubles de la Fronde, nous pouvons nous aussi, dire sans doute « que le nombre des saints de notre temps, quoique plus caché, égale celui des premiers siècles du Christianisme[1]. » Pour ne parler que des plus connus, notre piété peut saluer, parmi les hommes, André Fournet, le curé d'Ars, le P. Muard, le prince de Hohenlohe, M. Dupont, le P. Libermann ; parmi les femmes, Anna-Maria Taïgi, Mme Barat, sœur Elisabeth, sans compter les martyrs de Chine, de Corée et du Japon. Nous ne préjugeons pas les infaillibles décisions de l'Eglise, notre mère : mais le diocèse de Bayonne ne peut-il pas offrir à notre vénération le P. Garicoïts et M. Cestac ? Et serait-il impossible d'obtenir de merveilleuses faveurs, en invoquant notre vénéré Vicaire-Général ? Il n'est pas téméraire d'affirmer que M. Franchistéguy fut un saint, faut-il le dire ? un saint capable d'opérer des prodiges. Le récit quelque peu détaillé de cette vie d'abnégation nous le prouvera ; pénétrons plus avant dans l'intérieur de cette âme admirable.

Tous les jours, levé entre trois et quatre heures, le saint prêtre passait de longs moments en méditation pour se préparer au sacrifice de la Messe. Il s'anéantissait en pré-

[1] Vie de Mme Barat par M. l'abbé Bernard. Préface.

sence de la Victime qu'il allait immoler ; on entendait de sourds gémissements s'exhaler de son âme, attristée de se trouver si tiède. Repassant en esprit les misères qui lui semblaient souiller son cœur, il demandait pardon et implorait la pitié. Après s'être ainsi disposé, il s'approchait de l'autel de Dieu.

L'avez-vous vu, grave et tout rayonnant d'amour, monter les marches du sanctuaire, presque tremblant devant la Majesté qu'il va adorer, l'avez-vous vu commencer le sublime sacrifice d'une voix déchirante, se frappant la poitrine avec amertume, bientôt abîmé en Dieu, et à cette heure plus du ciel que de la terre ? Il était beau ! Il était beau en ce moment où son cœur recommandait au Cœur de l'Agneau les misères des vivants et les angoisses des morts, en ce moment surtout où, après s'être proclamé par trois fois indigne, il recevait le Dieu de toute sainteté. Ce front radieux, cette tête doucement inclinée, ce visage angélique, cette poitrine haletante et comme se brisant d'amour, ces mains jointes qui supplient ardemment, ces soupirs mourant sur une lèvre enflammée, quel spectacle d'émotion touchante et communicative ! Les assistants se sentaient pénétrés d'un respect profond, et l'enfant de chœur lui-même, oubliant les distractions et les espiègleries de son âge, ne pensait qu'à prier, lorsque le saint priait. Heureux ceux qui ont joui de cette vue du Ciel, heureux surtout ceux qui en ont profité pour se rapprocher de Dieu !

O pieuses âmes qui l'avez contemplé sacrifiant l'Immaculée Victime, il vous souviendra de cette ferveur, de cette auréole sainte rayonnant autour d'un front blanchi au service des hommes, il vous en souviendra. Ce vous sera une douce vision, un doux souvenir aux heures tristes de la mélancolie et du doute ! Et ce prêtre à l'autel, ce vieillard priant Jésus Eucharistique, vous apparaîtra comme une éclatante preuve de la réelle présence de Notre-Seigneur dans le grand sacrement. Non, Dieu n'eût pas permis ces pieuses effusions d'amour, s'il n'avait été là, dans l'Hostie, pour les entendre et pour les exaucer !

La Messe dite, le saint ne quittait pas son Dieu sans lui exposer ses besoins personnels et les infirmités de ses enfants spirituels. Qui pourra dire les chaudes aspirations qui s'échappaient de cette âme visitée par le Tout-Puissant? Lui si ardent à commenter ces paroles de l'Apôtre : « *Vivo jam non ego, vivit vero in me Christus.* Je vis, mais ce n'est plus moi qui vis, c'est Jésus-Christ qui vit en moi [1], » lui si ardent à expliquer aux autres cette communion intime du Créateur et de la créature, de quel feu sacré ne devait-il pas être embrasé ? Son action de grâces était longue, très-longue d'ordinaire, tant il trouvait de charmes en la compagnie de son Jésus. Jamais il ne manqua à cet entretien ineffable, même aux jours où le confessionnal était le plus assiégé, ayant pour maxime que le prêtre qui vient de converser avec son Dieu peut avec plus de profit converser avec les hommes ; il donnait ce conseil à tout Directeur qui veut conduire les âmes dans la royale voix de la perfection. Il écrivait en effet à un jeune prêtre : « Je ne cesserai de vous le répéter, mon cher ami ; avec le *lucere* il faut l'*ardere* ; et ces saintes ardeurs vous les puiserez dans le Cœur sacré de Jésus par la fidélité la plus scrupuleuse et la plus constante aux pratiques de piété qui nous sont si fortement recommandées à tous : Oraison mentale — Préparation éloignée et prochaine à la célébration de la Sainte Messe — Action de grâces *toujours* même lorsque le tribunal peut être le plus assiégé. »

Si cette sainteté rayonnait éclatante dans le sacrifice de

[1] Gal. 2. 20.

la Messe, elle se manifestait plus expansive au tribunal de la pénitence. L'impie qui l'aurait vu remplir ce devoir de son ministère n'eût pas osé rire ou mépriser ; convaincu, il aurait avoué la divinité de la confession, tant M. Franchistéguy se montrait homme de Dieu au confessionnal ! Le caractère principal de sa direction fut l'onction compatissante. Avec un zèle infatigable, avec des larmes dans la voix, il remuait les âmes jusqu'aux fibres les plus intimes. Comme il consolait ceux qui pleurent ! Comme il encourageait les âmes abattues, tourmentées par des peines de conscience ! Oh ! non, vous ne connaîtrez jamais ce saint prêtre, si vous n'avez été vous agenouiller à ses pieds, lui confier le secret de vos infirmités spirituelles, lui montrer votre cœur tout blessé, votre vertu chancelante ou flétrie ! Il vous aurait bercée, comme un cœur de mère berce l'enfant de sa douleur, vous donnant tout son dévouement, toute sa tendresse, comme si de vous seule, ô âme chrétienne, il devait répondre devant Dieu. Je ne sais rien de plus propre à le peindre que de le comparer à saint Paul disant : « O mes enfants, je vous porte dans mon cœur jusqu'à ce que le Christ prenne naissance en vous [1]. » Bien plus : « Je me suis fait petit au milieu de vous pour vous réchauffer, comme une mère réchauffe ses enfants [2]. Je me dépenserai, je me laisserai broyer pour le salut de vos âmes [3]. » Comme l'Apôtre, il se faisait tout à tous pour les gagner tous à Jésus-Christ.

L'esprit de mansuétude et de charité le dirigeait dans l'application des remèdes que Dieu établit pour guérir les maladies spirituelles du cœur humain ; il y avait en lui comme un trésor d'inexprimables miséricordes. Il accueil-

[1] Gal. 6. 19.
[2] Thess. 2. 7.
[3] II Cor. 12. 15 .

lait les pécheurs avec bonté, leur ouvrait son âme, et après les avoir consolés, comme Jésus à la Samaritaine, il leur disait : Allez et ne péchez plus ! Vite, vite, il réconciliait les criminels avec leur Dieu, n'aimant pas que la créature demeurât en disgrâce avec son Créateur. Il voulait que l'on se confessât souvent, que très-souvent l'on communiât ; il était en effet de l'école des saints qui voient dans la nourriture eucharistique un principe de force et la conseillent toujours à ceux qui se sentent faiblir. Plus on tombe, plus il faut se relever. Nous serions trop heureux si après nous être abreuvés aux sources de la vie, nous y puisions assez de vertu pour résister sans cesse et ne plus mourir.

Le saint prêtre accomplissait au tribunal sacré de prodigieuses résurrections morales; mais en sauvant les autres, il brisa son pauvre corps. « On le trouvera mort dans son confessionnal, » disait M. l'abbé Saubot, de douce mémoire. M. Franchistéguy ne mourut pas à la peine ; mais il fut tué par ce rude travail. Rien ne l'arrêtait ; ni le temps : il appartenait aux âmes, malgré toutes les rigueurs de la saison ; ni les affaires nombreuses : il exigeait qu'on l'avertît au secrétariat, si de pauvres pécheurs venaient le réclamer ; ni la distance : il fit de bien longues courses pour visiter des infirmes ; ni la maladie : il se rendait à son devoir après des nuits de souffrances cruelles. Atteint d'une surdité partielle, il n'en continua pas moins à servir les âmes. Il fut même un temps, où la nuit le vit, bien après le coucher du soleil, à son poste d'infatigable dévouement, un temps, où l'aube matinale le trouvait, dès quatre heures, aux portes de la cathédrale, attendant qu'elles s'ouvrissent pour confesser, non les grands de la terre, mais de pauvres domestiques dont les moments étaient comptés. *Homo Dei*, c'était bien un homme de Dieu.

Il se peint lui-même dans ce tableau saisissant : « Voyez,

environné de silence et d'obscurité, dans le tribunal de la miséricorde, bien avant le retour de l'aurore, longtemps après la fin du jour, voyez le prêtre du Seigneur ; il attend, il appelle le pécheur. Son ami et son père plus encore que son maître et son juge, il le rassure, il fait renaître, dans son âme troublée, le calme et l'espérance, et toujours avec une nouvelle tendresse, avec une pénétrante douceur, il dit, il redit sans cesse : Mon fils, parce que vous avez cru à la parole de Jésus-Christ et que vous avez mis à nu votre conscience, je vous absous de vos péchés. Allez en paix [1] ! »

Pauvres et riches avaient également accès auprès de son cœur ; et s'il faisait une différence, elle était toute en faveur des pauvres. Comme les véritables missionnaires, il recherchait surtout la conversion des hommes ; ceux-ci trouvant en lui un bon père s'en allaient en nombre, aux grandes fêtes, implorer ses miséricordes. C'était une douce joie pour son zèle sacerdotal de réconcilier avec Dieu des hommes de bonne volonté.

Sa morale n'était ni rigide, ni relâchée. Bien qu'il eût étudié à une époque où le jansénisme faisait encore de grands ravages, sa sainteté trouva la bénigne voie de notre très-doux Maître. Il eût cependant craint facilement que de la rigueur l'on ne tombât dans le relâchement, et il tâchait pour sa part de garder la mesure entre ces fâcheux extrêmes. Il n'aimait pas la confession faite *en train rapide ;* il insistait sur le détail, scrutant toujours le fond des consciences. D'ailleurs nulle méthode, nul système ne lui offrait matière à critique ; il demandait à Dieu que tous ses ministres agissent pour le mieux et sauvassent le plus grand nombre d'âmes.

[1] Sermon sur le sacerdoce.

8

CHAPITRE XV

DIRECTION SPIRITUELLE. VISITES DES MALADES.

Outre ces secrètes confidences où les misères coupables d'ici-bas sont jetées sans retour dans le sein de la divine miséricorde, il donnait encore ses conseils et ses consolations dans des entretiens intimes et dans de fortifiantes lettres. Qui pourra jamais compter les âmes blessées qu'il a guéries ou du moins aidées à soutenir les milles peines de l'exil ? Que de hontes il a prévenues, que de scandales il a réparés, que de fortunes il a sauvées ! Beaucoup se sont abreuvés à l'amère coupe des douleurs qui près de cet homme ont vu reluire le flambeau de l'espérance.

Il sut parfois verser des pleurs pour amollir et vaincre de résistantes volontés. Et de quelle joie ne saluait-il pas les mâles vertus, les encourageant en un tête-à-tête aimable, montrant qu'à faire son devoir il y a souvent honneur sur la terre et là-haut récompense sans fin !

N'allez pas demander aux solitudes de sa chambre de vous dévoiler les tristes ou gracieux mystères dont elles furent témoins. Pauvre chambre qu'il aimait tant, chambre discrète où il sauva un si grand nombre d'âmes, hélas ! elle n'est plus ! Il l'a vu tomber cet abri de sa longue vie ; chaque coup de marteau qui démolissait l'asile de ses jours lui donnait mal au cœur. Il disait avec une certaine ironie. « On me fait une autre chambre, je ne sais si j'y habiterai. » Ah ! consolez-vous, saint vieillard, vous n'aurez pas à pleurer longtemps.

Cette chambre de l'Evêché a son histoire intéressante. C'est là qu'au début la société de Saint Vincent de Paul tint ses réunions habituelles ; il fallait que la grande œuvre de charité, à Bayonne, eût son berceau en ce séjour sanctifié par l'apôtre de la charité. C'est là que M. l'abbé Cestac avait établi pour les prêtres de la ville une coulpe où tous venaient entendre les fautes extérieures qu'ils avaient commises, en subir la pénitence et prendre de bonnes résolutions pour l'avenir.

Si M. Franchistéguy ne pouvait de vive voix donner de bons conseils, il dirigeait les âmes en d'admirables lettres qui sont toujours la fidèle expression de sa nature aimante. Hélas ! pourquoi ne pouvoir pas dévoiler les ardeurs inconnues d'un saint qui conduit au Ciel ? Nous regrettons que les enfants privilégiées du vénérable prêtre aient cru devoir dérober à la piété publique les secrets d'une direction qui fut pour elles seules. Quel bien en serait résulté pour les pauvres, les pécheurs, les déshérités de toute sorte !...

Néanmoins, nous allons répondre à de légitimes désirs en reproduisant un règlement de vie qu'il traça à une femme du monde. Nous y verrons le soin délicat avec lequel il la guida dans le chemin du salut.

« Ma très-respectable dame. Permettez-moi quelques conseils que je vous prie d'accepter comme un gage de l'intérêt le plus paternel, le plus dévoué que vous porte toujours le pauvre prêtre qui a eu la consolation de vous diriger quelquefois.

« *Tous les jours.* Soyez invariablement fidèle à donner votre cœur à Dieu, dès votre réveil et à faire avec foi, avec respect, avec piété et confiance, les prières du matin et du soir que tout chrétien doit faire. Lisez religieusement et *avec réflexion* un chapitre de l'Imitation de Jésus-Christ ou de quelque autre livre de piété. Payez un tribut réglé d'hommages et de prières à la très-sainte Vierge, notre toute bonne et toute puissante Mère, en lui adressant de bon cœur dix fois la salutation angélique. En terminant la journée, rendez-vous compte exactement de tout ce que vous avez fait, depuis votre lever, de bien ou de mal. Le bien, rendez-en gloire à Dieu, en le remerciant de ce qu'il vous a aidé à le faire. Quant au mal, aux défaillances spirituelles, aux infidélités à vos meilleures résolutions, humiliez-vous, sans jamais vous laisser abattre ni décourager. Jetez-vous avec confiance dans le sein de la miséricorde divine et promettez à ce bon Père de mieux faire le lendemain.

« *Les dimanches et les fêtes.* Sanctifiez-les par l'assistance la plus pieuse, la plus édifiante au saint sacrifice de la Messe, par l'audition de la parole de Dieu. Si vous ne pouvez entendre cette parole sainte, faites vous-même une lecture d'instruction religieuse.

« *Chaque mois.* Si vous le pouvez, retrempez votre âme dans les sacrements de la Pénitence et de l'Eucharistie. Vivez intérieurement et toujours de cette lumière, de cette force, de cet amour.

« *Chaque année.* Rappelez-vous avec piété, avec soin, les anniversaires de votre baptême et de votre première communion, de la mort des vôtres, du décès de cet excellent père et de cette si digne mère qui du Ciel, nous l'espérons, veillent sur vous, vous bénissent et vous protégent. Honorez ces grands jours en faisant dévotement la sainte communion, et en faisant célébrer le saint sacrifice à *votre intention.*

« Aimez à vous occuper utilement, évitant toujours l'oisiveté, la mollesse. Tenez-vous en garde contre les éloges et défiez-vous des entraînements du luxe. Que les pauvres, les affligés, les délaissés soient vos amis. Visitez-les, soulagez-les, consolez-les, dans la mesure de vos forces et toujours avec prudence. Gardez à ce sujet le meilleur souvenir des leçons et des exemples de votre pieuse mère.

« Fuyez avec grand soin toutes les occasions de quelque nature qu'elles puissent être, qui seraient un écueil pour votre vertu, un piége pour votre innocence. Etudiez sans cesse les desseins de Dieu sur vous ; et par votre exemple, par vos actes même de douceur, de charité, de prévenance et d'égards, de bonté et d'égalité d'humeur, d'abnégation et de dévouement, faites aimer et louer votre piété et votre religion ; et faites le bonheur de vos parents et des personnes qui vous entourent.

« Si vous me donnez quelquefois de vos nouvelles, je serai heureux de vous donner mes conseils. Ayez la crainte d'offenser Dieu ! »

Ainsi la sollicitude dont il entourait ses enfants, l'amour avec lequel il les suivait partout, dirigeant leurs pas, écartant du chemin les obstacles qui pouvaient entraver leur marche, faisait de lui un véritable père, pour mieux dire une tendre mère. Il s'intéressait aux affaires spirituelles et temporelles de ces chères âmes, se mettant en toute occurrence au service de celles qui souffraient. Il leur enseignait à supporter les mille épreuves dont toute vie humaine est affligée.

A une âme éplorée qui se croit presque abandonnée de

Dieu, il adresse ces encourageantes paroles : « Vous vous plaignez de ne point profiter des occasions de mérite qui se rencontrent dans ce jardin des Olives. Je vous crois très-sincère, mais je crois aussi que vous vous faites illusion. Je veux bien que dans toutes les contradictions qui traversent votre vie chaque jour, vous n'éprouviez peut-être pas cette douceur, cette satisfaction, cette sainte gaieté que quelques âmes privilégiées goûtent au milieu des plus cuisantes peines ; nous ne sommes pas encore à ce point de haute perfection ; mais n'en concluez pas que vous ne profitez nullement de ces adversités. Pourvu que, lorsqu'elles vous affligent, vous ne murmuriez pas contre la Providence qui vous les ménage, pourvu que vous sachiez vaincre les premiers mouvements de votre impatiente nature, vous résigner ensuite et offrir ces peines à Dieu, songez que tout n'est pas perdu, mais qu'au contraire il y a beaucoup à gagner. Ainsi, du courage ! Dieu ne vous manquera pas, il ne vous abandonnera pas, ni la sainte Vierge non plus. Nous voici au mois de mai qui est le mois de cette bonne Mère ; recommandons-nous à elle ; recommandez-lui surtout le pauvre prêtre qui vous dirige. Il est dans un état de tiédeur à faire trembler tout autre qui aurait moins de présomption que moi ! »

Et maintenant voulez-savoir ce qu'il pense de la mort ? Ecoutez ces réflexions : « En présence des vides que le trépas ne cesse de creuser au sein même des familles les plus unies, qu'une âme qui ne sait rien de la vie future et de nos espérances éternelles et qui prend la mort pour une mort réelle, s'afflige et se lamente, s'abandonne à un désespoir irrémédiable, je le conçois. Mais nous qui ne partageons par son erreur, pourquoi partagerions-nous sa désolation ? Que le chagrin soit sans bornes quand la tombe est sans espérance, à la bonne heure ! Mais est-ce là votre sort à vous, femme chrétienne, lorsque la mort est venue vous enlever l'enfant auquel vous liaient les affections les plus légitimes de votre cœur et les devoirs les plus sacrés de votre vie ? Cette foi, que vous êtes si heureuse d'avoir, ne vous dit-elle pas que la mort est un sommeil pour nous, que la tombe est, pour ceux dont vous lui avez confié la mortelle dépouille, le repos d'un moment? »

Nous savons des paroles plus émues, accents d'un cœur qui gémit et console à la fois, accents jetés sur le cercueil hélas ! d'une jeune mère. Voyez s'il est douleur mieux exprimée, voyez si jamais l'espérance du Ciel resplendit plus radieuse : « Vous pleurez, monsieur, nous pleurons tous. Peut-on ne pas pleurer, peut-il y avoir pour la pauvre nature, de déchirement, de séparation plus sensible, plus douloureuse ? Mais que ces larmes sont douces ! Comme elles soulagent, comme elles consolent ! Vous avez eu raison de regretter de n'avoir pu assister à cette scène religieuse, à ces adieux si touchants, si célestes, car en ce moment le Ciel était là, dans cette maison de deuil qui devenait une maison de bénédiction. Notre-Seigneur et divin Maître, que cette chère enfant a toujours aimé, servi, si bien aimé, si bien servi, était là dans son cœur ; il n'en sortit pas. C'est lui qui plaçait sur ses lèvres ces sentiments qui ne sont pas de la terre, ces paroles divines : « Je suis heureuse ; j'ai fait à Dieu — et j'ai senti que c'était de tout mon cœur — j'ai fait le sacrifice de ma vie, et celui plus difficile de mes enfants. Mon Dieu, pitié pour eux et pour moi-même ! » Oui, tout cela est du Ciel. Que je regrette comme vous de n'avoir pas été là, auprès de cette chère enfant que j'ai, malgré mon indignité, bénie si souvent et qui toujours a consolé mon ministère ! Elle veillera là-haut avec plus de tendresse et de puissance sur ces anges qui désormais seront privés des caresses de leur mère. Elle les attirera, les retrouvera au Ciel ces enfants qu'elle a tant aimés, pour ne plus les perdre, pour jouir éternellement avec eux ! »

Non, nous ne saurions taire d'autres consolations que son cœur lui inspira, épanchement douloureux de sa tendresse : « Bien respectable madame. Oui, pleurez ; jamais larmes ne furent plus légitimes, jamais non plus elles ne furent plus douces : je n'hésiste pas à le dire à une sœur, à un frère, à une épouse bouleversés, brisés, broyés par la douleur, mais si relevés, si fortifiés, si consolés par la foi. Le fruit était mûr, bien mûr vous le savez, prématurément mûr ; le divin Maître l'a cueilli avec complaisance. Le voilà ce cher Louis, loin des misères d'ici-bas, loin des orages, au port du salut, au lieu du repos et de la béatitude, du moins assuré d'y arriver. Bien loin d'être perdu pour sa bien-aimée compagne, pour ses chers enfants, pour tous les siens, bien loin d'être indifférent, inutile à leur endroit, de s'être refroidi pour eux, le voilà ce père, cet époux, ce frère, ce fils modèle, encore plus aimant, plus dévoué, plus puissant qu'il ne l'était dans l'exil, reposant ses regards, plus affectueux encore, sur ceux qu'il a laissés dans les larmes, et leur disant : Pleurez ! Le bon Maître, que j'ai été si heureux de servir et que vous êtes si heureux de servir aussi, vous le permet ; mais pleurez en chrétiens, pleurez avec espérance ; encore quelques jours de luttes, de fatigues, d'épreuves et de fidélité, et nous nous retrouverons, nous nous reverrons, nous nous reconnaîtrons, nous nous aimerons, nous nous aimerons plus délicieusement encore, nous nous aimerons toujours en Dieu, comme on s'aime dans le Ciel ! Au revoir donc !...

« Oui, épouse, sœur, frère, si désolés, dont je partage si vivement la douleur, n'était-il pas aussi pour moi un frère bien-aimé, plus qu'un frère, un fils en Jésus-Christ, un fils qui m'était resté toujours si cher ! Oui, que *ce revoir* qui nous est assuré, si nous voulons être dignes de lui, marcher sur ses traces, reproduire ses si saints exemples, soit notre grande et ineffable consolation.

« C'est ce que j'ai essayé de dire hier à votre mère, à vos sœurs, elles aussi si profondément abattues.

« Ce matin, au Saint-Autel, la pensée des uns et des autres, la pensée du Ciel et de l'exil ne m'a pas quitté. Le Saint-Sacrifice était offert, la grande Victime était immolée avec confiance pour notre cher défunt... A Dieu à tous. Ayez la charité de prier aussi pour un prêtre qui vous est si profondément, si invariablement dévoué en Jésus-Christ. »

On voit combien fut aimante cette vie sacerdotale, et comment elle savait sécher les larmes.

Et quand les âmes n'allaient pas à lui, il s'avançait vers elles, leur offrant ses consolations et les chaudes sympathies de son zèle. On l'a vu faire le siége d'une âme rebelle, pendant douze années, parler du salut à un vieillard obstiné, ne manquant jamais, le soir des quatre principales fêtes de l'année, de se rendre auprès de ce pauvre pécheur qu'il aimait, pour lui redire les douces joies d'une conscience calme.

Cette exquise compatissance éclatait surtout auprès des malades ; il suppliait le Médecin céleste de guérir le corps et l'âme. Quand, tout espoir perdu, le triste condamné s'en allait vers la tombe, le vénérable prêtre ne manquait jamais, malade lui-même, tout vieux et cassé, de visiter souvent le moribond pour le préparer au redoutable passage de l'Eternité. Il lui montrait le Ciel, il jetait sur cette expirante flamme humaine un souffle qui la ranimait un moment, à la pensée des ineffables beautés de la Patrie. Souvent il donnait au malade l'absolution qui purifie ;

c'était son présent le plus précieux, et un usage que son cœur seul lui avait suggéré. On le voyait parfois amèrement gémir de ce que des amis, des parents même, par une crainte exagérée, empêchaient le prêtre d'exercer son ministère auprès des mourants. Il disait avec raison que le viatique et l'extrême-onction sont un remède pour le corps aussi bien que pour l'âme. Que pouvait-il alors, sinon confier ces infortunés à la divine miséricorde ?

CHAPITRE XVI

SES DIVERSES ŒUVRES. — SAINT LÉON — MAISON DE DÉTENTION — CONFÉRENCES AUX APPRENTIS. — ARCHICONFRÉRIE DES MÈRES CHRÉTIENNES — SA DÉVOTION AU CŒUR DE JÉSUS, A MARIE, A SAINT JOSEPH ET A SAINT FRANÇOIS.

Les travaux du confessionnal, la direction spirituelle, les visites des malades n'absorbaient pas tous les loisirs de notre saint. Dès les premier jours de son sacerdoce, il donna ses sollicitudes à plusieurs œuvres de zèle. Citons en particulier les fatigues qu'il supporta pendant onze ans, en qualité d'aumônier de l'Institution Saint-Léon, devenue aujourd'hui le collége Saint-Louis de Gonzague. Elle était dirigée par un homme de bien, M. Brat, qui se trouva heureux de confier ses nombreux élèves au dévouement de M. Franchistéguy[1]. Imaginez donc un seul prêtre, se dépensant au service de cent cinquante enfants, jeunes, difficiles à manier, rebelles à l'enseignement des choses de Dieu. Il prêchait ; il confessait ; il faisait le catéchisme. Beaucoup de ces élèves se souviennent encore des ardeurs effrayantes du pieux secrétaire.

[1] Sous M. Harriet, M. Franchistéguy continua à exercer son zèle dans l'Institution, sans en être aumônier.

Il sait que pour sanctifier les autres il doit se sanctifier lui-même ; aussi profite-t-il des vacances du collége pour donner à son âme les grâces d'une retraite. Il annonce assez gaiement cette résolution à ses sœurs Félicité, Séraphine, Justine et Rosalie. Marie-Baptiste venait de s'endormir dans le Seigneur : « Bayonne, le 10 septembre 1839. Mes chères, mes bonnes, mes excellentes, mes très-pieuses sœurs. N'allez pas vous remplir d'orgueil pour toutes ces qualifications, je les crois très-vraies ; autrement, je ne vous les donnerais pas. Mais faites monter vers Dieu seul toute la gloire. C'est à lui que vous les devez.

« Après ce préambule, allons au fait. Samedi prochain, à 6 heures du soir, votre frère se jette dans la diligence et part pour Toulouse, et là pendant huit jours, il s'ensevelit vivant dans une maison de retraite pour faire une bonne revue de sa vie de prêtre de sept ans. Vous l'aimez ce frère, je n'en doute pas ; il vous aime bien aussi ; il se jette en suppliant à vos pieds et il vous demande une nouvelle preuve de votre affection pour lui. La voici : il vous supplie, il vous conjure de prier pour lui pendant toute son absence, mais il vous demande surtout, comme une grâce, de vouloir bien toutes ensemble faire une neuvaine pour lui, en la commençant mardi prochain, et la finissant mercredi en huit par une bonne et sainte communion. La pratique commune à faire pendant la neuvaine sera le *Veni Creator*, le *Memorare* ou le *Salve Regina*, et de plus récitez à mon intention la dernière dizaine du chapelet. Voilà, mes chères sœurs, la nouvelle preuve d'attachement que je vous demande, me la refuseriez-vous ? Oh ! non, vous m'accorderez même plus que je ne demande et vous intéresserez en ma faveur les âmes pieuses que vous connaissez et qui sont en grand nombre à Hasparren. C'est ainsi que vous justifierez que vous êtes les excellentes et très-pieuses sœurs d'un indigne frère qui voudrait enfin cesser d'être ce qu'il a été pour devenir digne de vous. »

La retraite finie, il éprouve le besoin de remercier les *anges* qui ont prié pour lui : « Mes bonnes et chères sœurs. Je vous remercie beaucoup et beaucoup de toutes les prières brûlantes que pendant mon absence vous avez fait monter vers le Ciel pour votre triste frère. Si lui n'a pas profité de toutes les grâces qui sont tombées sur son âme, son compte sera rigoureux. Pour vous, vous aurez toujours le mérite et la récompense de votre charité.

« Me voici donc de retour après 20 jours d'absence ; suis-je meilleur qu'en partant, car je n'étais parti que pour le devenir ? Je n'en sais rien ; j'ai pris du moins quelques bonnes résolutions, mais l'essentiel est de les suivre avec une persévérante fidélité. Priez pour qu'il en soit ainsi. »

Fortifié dans la solitude, il dépensa de nouvelles ardeurs à la sanctification de ses chers enfants.

Tandis que cette jeunesse était confiée à ses mains sacerdotales, sa pieuse activité se mettait en même temps au service des prisonniers. Ces âmes viles, flétries par le vice, le crime ou la misère, dégradées aux yeux de la société, il voulait les relever à leurs propres yeux. Plus bas l'on était tombé, plus on avait droit à son indulgence. Il parlait chaleureusement à ces hommes perdus, à ces femmes décriées, du repentir qui les purifierait. Il s'intéressait à eux, au sortir de ce lieu maudit, donnant à leur âme des consolations religieuses, des secours matériels à leur corps. Bien que, dans la suite des temps, il se fût fait remplacer, il voulut néanmoins toujours demeurer aumônier titulaire de la prison civile.

Et cependant, malgré ces bonnes œuvres, le Dimanche ne lui paraissait pas assez rempli, ni la gloire de Dieu assez exaltée. Il avait remarqué, à Bayonne, de jeunes apprentis exposés aux charmes séducteurs du monde. Il les voyait honnêtes, presque toujours d'un bon naturel, heureux de prêter l'oreille aux accents d'un cœur vraiment apostolique. De concert avec M. l'abbé Cestac, devenu vicaire de la Cathédrale, il organisa des instructions et des conférences où les jeunes gens se rendaient en foule. M. Cestac se fit le quêteur d'âmes ; M. Franchistéguy ne tarda pas à en devenir le missionnaire. On se réunissait, près des fonts baptismaux ou aux cloîtres, on y parlait de toutes les belles choses du dogme et de la morale catholiques. C'était, en petit, un de ces cercles, si florissants et si utiles aujourd'hui. Quels fruits de salut ne produisirent pas ces deux saints ! Quelque vingt jours avant sa mort, M. Franchistéguy rappelait cette période de sa vie militante, réservant pour lui le rôle le plus effacé.

Outre ces occupations, régulières en quelque sorte, l'infatigable apôtre acceptait, par intervalles, les prédications dont on voulut le charger. Le Petit-Séminaire de Larressore eut sans contredit le bonheur d'entendre le plus souvent sa parole. Où sont d'ailleurs les asiles de la piété qui n'aient pas retenti une fois des chauds accents de son cœur ? Notre Dame de Lorette, Sainte Ursule, Saint Louis de Gonzague, les Filles de la Croix et de la Charité, les Servantes de Marie et les Frères des Écoles chrétiennes ont profité de ses enseignements. Heureuses les âmes qui ont pratiqué la vertu avec plus de courage, après avoir entendu les véhémentes exhortations de cet homme apostolique !

Une des œuvres dernières, qu'il chérit entre toutes, fut l'Archiconfrérie des Mères chrétiennes, pieuse association où va se former le cœur de celles qui doivent, par les enfants, régénérer la société perdue. Il avait en si grande estime la mère vraiment religieuse qu'il la regardait comme le fondement de toute famille chrétienne. Le père indifférent ou incrédule est un grand mal : une mère sans religion est un fléau terrible. Quelle douce sauvegarde en effet pour les enfants, si avec le lait maternel ils sucent l'amour de Dieu et de son Eglise ! Les races amollies, il les maudissait ; il maudissait aussi la Révolution qui, brisant le respect dû aux parents, avait introduit, dans les mœurs de certaines classes de la société, ce tutoiement familier qui, sans prouver plus de tendresse, semble prouver moins de vénération et plus d'égalité.

Il plaignait surtout les jeunes mères, très-pieuses parfois, qui, sous prétexte de délassement, autorisent, que dis-je? favorisent ce que l'on appelle aujourd'hui *bals d'enfants*, la dernière des abominables inventions de l'enfer. Il craignait pour des âmes si belles, si innocentes, n'admettant pas que, dans leur fraîcheur candide, elles fussent insensibles à ces amollissantes séductions. L'intelligence n'est pas sitôt ouverte, soit ; mais quand elle se réveille, dès cinq, six ou sept ans, peut-on répondre des mille pensées, des mille tourments qui agitent des cœurs si impressionnables ? Si le présent n'est pas coupable, plus tard l'imagination demeurera-t-elle pure, au souvenir de ces folies enfantines ? Ces raisons et d'autres encore lui faisaient réprouver avec justice ces sortes d'amusements. Tout ce qui dégradait la famille chrétienne, tout ce qui lui ôtait sa radieuse auréole, jamais il ne put l'accepter. Aurait-il donc admis cette miniature des Saturnales païennes ?

L'idée de cette Archiconfrérie lui vint, dit-on, des conseils ou à la suite des entretiens de Madame Bourguignon, fondatrice des Mères chrétiennes de Reims. Cette femme extraordinaire avait été miraculeusement guérie par sainte Germaine Cousin. Il lui resta néanmoins, au rapport de médecins peu suspects, comme un détachement physique du cœur, mystère inexplicable pour la science. Ce cœur semblait se briser dans les nuits du jeudi au vendredi. Chaque jour, elle devait rendre compte de sa conscience à son Directeur, et, à cette époque, c'était M. Franchistéguy.

Etablie en 1860, cette œuvre eut toutes les sollicitudes du saint prêtre. Les fruits de salut en furent d'ailleurs rapides et merveilleux, car dès 1864, Mademoiselle Josson, présidente générale à Paris, disait dans son rapport annuel : « On nous écrit de Bayonne : Les prières et les vœux de notre digne pasteur, lors de la fondation de l'œuvre en 1860, ont porté leurs fruits. Les bénédictions les plus sensibles se manifestent tant par les grâces qui affluent sur nos enfants et nos familles que par le nombre toujours croissant de nos associées. »

Chaque mois, en un jour préalablement fixé, il réunissait ces excellentes mères dans la chapelle des cloîtres où, dès huit heures, pendant la messe, il leur donnait de touchantes instructions. Chose remarquable ! Il parlait tellement bien au cœur de ces mères que ses longs discours, loin de détourner ces femmes chrétiennes, les attiraient au contraire à ces réunions. Attentives et comme suspendues à ses lèvres, jamais elles ne se plaignirent qu'il fût fatigant, tant il aimait ces mères, tant ces mères l'aimaient ! Il établit une association perpétuelle de prières pour les défunts et les malades, pour les besoins si divers d'une mère : ainsi toutes ne formaient qu'une âme, ainsi toutes pouvaient murmurer en leurs pieuses mélodies ce chant si doux : « Qu'il est bon et aimable de vivre ensemble. *Quam bonum et quam jucundum habitare in unum !* » Le lien qui les unissait a été rompu ; le troupeau est là toujours, mais hélas ! le pasteur n'est plus. Depuis plus de vingt ans, l'on était habitué aux accents de cette voix aimée : la mort du père fut un coup de foudre pour la famille éplorée.

Il semble que M. Franchistéguy ait assez fait pour son

salut et le salut de son prochain ; il semble que ses propres mérites lui aient tressé, si je l'ose dire, une brillante couronne au Ciel ; mais non, il veut encore s'appliquer les mérites de Notre-Seigneur et des saints, en puisant largement au trésor d'indulgences que nous offre la munificence de l'Église. « Toutes les œuvres catholiques savaient d'avance trouver en lui un zélateur généreux et un ami[1]. » Nous ne pouvons parler que des principales.

Ardent promoteur de l'Apostolat de la Prière, il fut le premier peut-être à répandre dans le diocèse cette dévotion admirable. Comment en effet, son cœur eût-il dédaigné les chaudes expansions du Cœur de Jésus ? Il s'était réservé pour lui-même le soin d'envoyer partout ces mille petits billets qui allaient, au fond des plus humbles hameaux, parler de l'Amour du divin Crucifié à des âmes ingrates, elles, et sans amour !

Il ne pouvait séparer ce que Dieu a si bien uni, Marie et le Cœur de Jésus. Portant avec respect les scapulaires du Mont-Carmel et de l'Immaculée-Conception, il témoignait ainsi sa tendresse à la Sainte Vierge. En parlant de Marie, les expressions les plus douces et les plus brûlantes s'échappaient naturellement de ses lèvres ; il l'appelait sa Mère, sa Reine, sa Protectrice, son Avocate, assurant avec saint Bernard que ses serviteurs ne sauraient périr. Chaque jour il donnait « un tribut réglé d'hommages et de prières à la Reine des Cieux, notre toute bonne et toute puissante Mère. » Pour spécialement l'honorer, il voulut, de longues années, célébrer la sainte Messe à l'autel de la Vierge où, de plus près, il pouvait, ce semble, la contempler et l'aimer. Plus tard, quand vinrent l'âge et la maladie, il offrait son sacrifice à l'autel de Sainte-Anne, Mère de la Fille de David.

[1] Lettre circulaire de Monseigneur l'Evêque.

Il comprenait que les terrestres amours le doivent céder à ces deux amours divins. Aussi demandait-il aux prédicateurs, aux écrivains, de célébrer partout les tendresses du Cœur de Jésus, les maternelles miséricordes du Cœur de Marie.

Oubliait-il saint Joseph, patron de l'Église universelle? Oh! non; le vénéré prêtre portait toujours l'image du grand patriarche. Il favorisait sa dévotion, distribuant livres et médailles, s'abonnant aux recueils périodiques rédigés en l'honneur de saint Joseph. Il le priait de venir aider son âme, alors qu'elle serait aux prises avec les affres de la mort. Cette heure du trépas le remplissait d'angoisses. Pourquoi s'en étonner? Le Christ, vainqueur de la mort, nous a paru tremblant à la veille de son sacrifice. Mais près de Joseph, avec Joseph, le disciple mourra sans terreur.

Nous ne saurions passer sous silence qu'il se fit recevoir au Tiers-Ordre de Saint-François. Il était profondément convaincu des grâces extraordinaires que le Ciel a accordées et accordera, surtout en ce temps de luxe et d'orgueil, à ceux qui, engagés dans cette humble milice, promettent de ressembler à Notre-Seigneur et au mendiant d'Assise. Il prônait hautement l'excellence du Tiers-Ordre, heureux d'y aggréger les hommes qui veulent, dans le monde, pratiquer, autant que possible, les austères vertus du cloître.

CHAPITRE XVII

SES VERTUS. — ESPRIT DE FOI. — DOUCEUR ET HUMILITÉ. — CHARITÉ ET MORTIFICATION.

Parmi les perles précieuses qui forment la couronne d'un saint, il en est toujours une plus belle et plus brillante ; les autres lui empruntent leur éclat, et sa resplendissante lumière projetant de vives clartés sur toute la vie de l'homme, du berceau à la tombe, en détermine l'exacte physionomie morale et en caractérise la sainteté. Cette perle incomparable, cette vertu mère nous paraît être, chez M. Franchistéguy, *l'esprit de foi.* En tout, il n'a que Dieu en vue, et peu soucieux des sentiments du monde, il se pose, dans les moindres affaires, cette redoutable question : « *Quid hoc ad æternitatem?* A quoi cela me servira-t-il pour l'éternité ? »

Notre récit l'a montré, dans toutes les situations de la vie, fidèle à ce grand principe : sa première communion, sa vocation ecclésiastique, les ordres sacrés, ses luttes diverses et ses travaux apostoliques, tout porte la particulière empreinte de son esprit de foi.

Pour ne pas nous répéter, nous dirons seulement que

cette vertu brilla surtout en ce qui regarde les choses de Dieu.

L'église lui semblait bien la maison du Seigneur : il y était pénétré de sa divine présence et s'anéantissait profondément devant sa Majesté infinie. Quand la nuit enveloppait de ses ombres les vastes solitudes du temple, vous entendiez parfois de tristes gémissements. Approchez ; sur la dalle nue, le front à terre, dans un coin reculé ou derrière un pilier, le prêtre prie et pleure son indignité. Si vous troublez sa méditation, il ira se cacher ailleurs et continuer à gémir. Avec quel respect il gravissait les degrés du sanctuaire ! Nous savons comment il célébrait le Saint-Sacrifice. Il désirait qu'on fût assez charitable pour le reprendre des fautes qu'il pouvait commettre en accomplissant cette action sublime. On s'édifiait à le voir toucher les reliques des saints : il se mettait à genoux pour les distribuer aux pieux fidèles.

Rien de plus grand pour lui qu'un prêtre de Jésus-Christ. Aussi en parlant du clergé, professait-il une haute estime pour tous ses membres, sachant pallier les défauts et exalter les qualités. Dans le moindre curé de campagne, il honorait le Sacerdoce de Notre-Seigneur. Que dis-je ? il témoignait du respect aux derniers des vicaires, les appelant dans ses lettres « bien cher et vénéré confrère. » Il n'y a pas jusqu'aux séminaristes qu'il n'honorât, les saluant du plus loin qu'il les apercevait. Nous le voyons encore dans les corridors du Grand-Séminaire, tenir son chapeau à la main, et, sur la voie publique, s'arrêter, se découvrir, inclinant ses cheveux blancs devant ceux qui doivent un jour continuer sur la terre l'œuvre du Christ.

Pourquoi parler des religieux, des religieuses qu'il vénérait comme les enfants privilégiés et chéris du divin Maître ? En ces âmes, il admirait une ressemblance plus parfaite avec le Modèle qui nous fut donné sur la montagne. Lisez plutôt ces paroles qu'écrivait sa jeunesse : « Rien de plus touchant que la cérémonie d'une vêture ; rien surtout de plus propre à émouvoir le cœur le plus insensible que les paroles prononcées par les jeunes vierges qui prennent le saint habit. Si vous y aviez été, Marie-Baptiste, de douces larmes se seraient peut-être échappées de vos yeux ; peut-être auriez-vous envié leur sort. Et en effet, je crois bien qu'il n'est pas, sur cette maudite terre, de créature plus heureuse qu'une religieuse qui a l'esprit de son état. Retiré loin des scandales du monde et de ses dangers, sans cesse occupée de Dieu, de sa bonté, de son amour, de ses miséricordes, quelle perfection ne peut-elle pas y acquérir ? N'est-ce point là jouir du paradis dès ici-bas ? »

Les vertus de douceur et d'humilité étaient dans notre saint comme le premier écoulement de cet esprit de foi.

Doux, il l'était comme un ange, et malgré sa vivacité naturelle, jamais parole de colère ne sortit de sa bouche. Il procédait de Notre-Seigneur et de saint François de Sales, empruntant à ces grands exemplaires leur charme et leur amabilité ; aussi posséda-t-il la terre, aussi inspira-t-il des affections qui le pleurent encore. Je ne sais si l'on eût pu devenir son ennemi et l'abreuver d'injures ; pour lui, il n'aurait jamais répondu par l'insulte, pensant avec raison que la réplique amère, loin de calmer, ne faisait qu'aigrir davantage.

Que dire de son humilité, sinon qu'il fût toujours très-considéré et qu'il s'estimait, lui, un rien, un néant ? Jamais, il n'aspira à monter ; seule la Providence se chargea de sa fortune. Qu'il fût simple clerc ou Vicaire-Général, on le vit sans cesse égal à lui-même. Il s'effaçait volontiers, acceptant à peine, dans les cérémonies, les honneurs prescrits par la sainte liturgie. En certaines circonstances il ne voulut pas user des droits et priviléges attachés à sa dignité de Vicaire-Général. C'était en effet *l'homme de la paroisse*. Bien des fois, pour satisfaire l'amitié ou rendre honneur à de hauts personnages il dut administrer les Sacrements de baptême et de mariage. Jamais il n'invoqua de prérogatives; il préférait s'humilier et demander la permission au curé de la paroisse : c'était une pure convenance ; mais il se serait gardé de froisser par un acte d'autorité les susceptibilités plus ou moins légitimes d'un simple desservant. Une personne qui l'a bien connu a écrit : « L'humilité fut peut-être le côté le plus caractéristique de M. l'abbé Franchistéguy. Les âmes qui, comme la mienne, ont eu le bonheur de l'avoir pour Père spirituel savent que cette vertu était comme naturelle en lui. Les yeux sans cesse fixés sur son divin modèle, il ne perdait jamais l'occasion de s'abaisser devant Dieu et devant les hommes. Sa vie se résume en un acte continuel d'humilité intérieure et extérieure, pratiquée avec une admirable simplicité. Elle faisait dire à ceux qui le voyaient même pour la première fois : C'est un saint ! Il rougissait à la moindre parole d'estime qu'on lui adressait. Il ne se répandait pas alors en paroles qui souvent ne font que provoquer d'autres louanges : ordinairement il se taisait et laissait tomber la conversation. Il honorait les personnes les plus infimes. » En effet, il saluait tout le monde. Passant d'ordinaire en des rues peu fréquentées, il se découvrait même pour des inconnus. Un jour, il salue un homme fort décrié : « Pourquoi saluez-vous ce misérable? lui dit-on. — Je salue une âme, répondit-il simplement. »

« Un étonnement toujours nouveau des bontés de Dieu entretenait en son âme cette belle vertu de reconnaissance qui découlait de son humilité. Il essayait avec tant d'ardeur de la communiquer à ses enfants que celles-ci ne le nommaient que le Séraphin. Et elles se demandaient comment les anges du ciel surpassaient ce saint prêtre en pieuses effusions[1]. »

Et pourquoi taire son amour pour la *belle et blanche* vertu[2], au lys immaculé? Les délicatesses de sa virginale pudeur réprouvaient ces modes que la frivolité autorise mais que la morale condamne. Accompagnant Monseigneur Lacroix à Paris, pour le baptême du Prince Impérial, il eut, à Notre-Dame, le spectacle d'un luxe qui contrastait étrangement avec la sainteté du lieu ; il ne put s'empêcher de dire avec indignation : « Quelle horreur ! »

A tout cela ajoutez une charité qui se dépouillait pour les malheureux. Il montait jusque dans les mansardes pour y surprendre et y soulager la misère. Dirigeant les membres de la confrérie de saint Vincent de Paul dans leurs corvées méritoires, il consola bien des tristesses. Les pauvres honteux excitaient surtout sa pitié : avoir eu honneurs et considération et puis être réduit à vivre de la charité publique lui paraissait une des plus grandes douleurs d'ici-bas.

Nombreux étaient les infortunés qui imploraient sa générosité. Il accueillait tous ces malheureux avec une grâce et une bonté vraiment paternelles. En donnant son aumône, il ne voulait s'enquérir ni de leur origine, ni de la cause de leur misère. « Puisqu'ils demandent la charité, disait-il, ils sont dans le dénuement. » Cette pensée seule attendrissait son cœur. Les émigrés de tous pays, les ouvriers sans travail recouraient à sa pitié, et lui, toujours charitable, s'empressait d'apporter un soulagement à tant de souffrances. Chaque jour, chaque mois, les habitués venaient frapper à sa porte et recevoir des secours. Sa bonté fut parfois indignement trompée. Un misérable qui le poursuivait de ses importunes sollicitations lui fit dire que la maladie l'avait

[1] Lettre de Mme X.
[2] S. F. de Sales.

couché sur un lit de souffrances, dénué de toute ressource si le saint prêtre ne venait à son aide. Celui-ci envoie auprès du malade une personne sûre qui trouve le malheureux dans un état presque désespéré : la figure pâle, l'œil hagard, une voix faible et mourante. Les soins du corps lui sont prodigués et l'on se hâte de penser à l'âme : « M. l'abbé, dit-on à un prêtre de la paroisse, tel homme gravement malade a besoin de votre ministère. — Mais je l'ai vu ce matin en parfaite santé. » On vérifie le fait. Le prétendu moribond était guéri. Il avait joué le rôle de malade, pour exploiter plus sûrement la générosité de M. Franchistéguy. On rapporta l'invraisemblable histoire au saint prêtre qui la trouva plaisante, plaignit le malheureux et continua à soulager son infortune. De pareils faits se renouvelèrent qui le rendirent circonspect dans la distribution de ses aumônes. Il envoyait les quémandeurs dont il suspectait la pauvreté à une personne fidèle qui donnait les secours nécessaires et lui en portait la note.

Il payait des pensions, en tout ou en partie, aux orphelinats, à Notre-Dame du Refuge etc. Et si on lui disait : « Vous élevez plusieurs enfants en tel endroit? » il répondait « Oui, je fais quelque chose. » Il dépensa de grosses sommes en pieuses profusions. Si l'argent lui manquait, il donnait mille objets nécessaires. Il lui arriva de donner même son matelas. On lui en fit de respectueuses observations, et lui de répliquer : « Un autre matelas aura le même sort. » Et quand il n'avait plus rien, il donnait ses habits, surtout aux pauvres prêtres, membres souffrants du Sacerdoce de Notre-Seigneur.

A ce propos, nous ne pouvons parler de sa charité, sans dire sa prédilection pour l'œuvre des Séminaires. Faire un prêtre lui semblait la plus belle chose que puisse rêver une âme. Découvrir les vocations ecclésiastiques. les favoriser, les éprouver, les suivre du conseil et de la bourse jusqu'au terme des études, telle était, selon lui, la première des œuvres catholiques. Aussi conseillait-il de donner largement, largement pour les Séminaires. En effet, tant qu'il y aura de bons Prêtres, le denier de saint Pierre ne sera pas en souffrance, les églises se construiront, les pauvres seront secourus, les malheureux de toute sorte seront consolés, enfin le règne de Jésus-Christ sera continué sur la terre. Et puisque la noblesse, l'aristocratie, la riche bourgeoisie se désintéressent hélas ! du Sacerdoce où il n'y a ni honneurs à recevoir ni fortunes à acquérir, que l'on vienne donc en aide à ces pauvres qui aspirent à devenir les ministres d'un Dieu qui fut, lui aussi, Pauvre et Mendiant ! Malheur aux classes riches, disait-il, si, dédaignant pour elles la couronne sacerdotale, elles ne suscitent point, par leurs libéralités, des âmes généreuses qui la veuillent porter ! Dieu les maudira, et elles périront rejetées loin de sa face : ne peut-on pas croire que le châtiment a déjà commencé ? Pour lui, joignant l'exemple au conseil, il avait coutume de mettre dans une caisse spéciale l'excédant des ordinaires honoraires de messes : c'était le capital affecté au soutien d'une vocation ecclésiastique. Son testament a confirmé ses saints désirs.

Il n'oublia jamais le précepte du Seigneur : « Que votre main gauche ignore ce que donne votre main droite ! » Il l'a mis en pratique, cherchant à faire le bien dans l'ombre, autant qu'il le pouvait. Nous ne connaîtrons jamais les générosités de ce cœur charitable ; mais Dieu les connaît ; et lui qui ne laisse pas le verre d'eau froide donnée en son nom sans récompense, aura déjà rendu au centuple à son serviteur les bontés dont celui-ci entoura les malheureux ici-bas.

En tout cela, M. Franchistéguy se montra digne de

l'éloge qu'il a fait lui-même du prêtre selon le cœur de Dieu : « O bon pasteur, votre troupeau le sait ; il n'y a pas un de ses besoins qui vous échappe, pas une de ses douleurs qui ne devienne la vôtre, pas une de ses infirmités que vous ne ressentiez. C'est vous qui nourrissez ceux qui n'ont pas de pain, vous qui séchez les larmes de ceux qui pleurent[1] ! »

Il est presque superflu de dire qu'il réalisa la parole de saint Paul : « *Charitas benigna est.* La charité est bienveillante[2]. » Jamais on ne surprit sur ses lèvres une critique, si légère fût-elle ; il condamna parfois certaines doctrines, jamais il ne condamna l'homme. Sa correspondance, ce tête-à-tête intime où librement et volontiers l'on juge hommes et choses, sa correspondance ne nous a pas révélé *une seule médisance !*

Faut-il ajouter qu'il ne se plaignait jamais de ses souffrances et qu'il fallait, sur son visage fatigué, deviner la maladie pour y porter remède ? On lui donnait des soins, presque sans qu'il s'en aperçût. Longtemps il lui fut pénible, à l'heure du dîner, de se rendre de l'Evêché à la rue d'Espagne : il souffrait sans murmurer. Par une délicate attention, sa vénérée sœur établit, sans lui rien dire, sa demeure à la rue des Prébendés ; il en fut satisfait, mais n'aurait jamais demandé ce changement d'habitation. Sensible, bien qu'il n'y parût pas, aux tendres sollicitudes de cette sœur fidèle qui les lui prodigua pendant quarante années, il laissa dans son testament la chaude expression de sa reconnaissance.

Ainsi à l'instar des justes, il fut doux pour les autres, mais dur pour lui-même, vivant de mortification et de sacrifices. Jamais il n'aima le luxe ni dans les repas, ni dans

[1] Sermon sur le sacerdoce.
[2] Ep. I Cor. 13. 4.

les habits ; ce lui était un véritable supplice de se rendre à des invitations et depuis bien longtemps il s'était imposé la règle de ne plus dîner même chez ses amis. Simple dans ses habits, il ne demandait guère à renouveler son vestiaire. Etre vêtu proprement ne lui déplaisait point, mais il ne voulait rien de plus. Un jour qu'il devait saluer le roi d'Espagne, Alphonse XII, de passage à la gare de Bayonne, il revêtit une soutane neuve. Presque honteux de ce luxe : « N'est-ce pas, dit-il en riant, que je suis beau pour saluer Sa Majesté ? » Cette simplicité se voyait jusque dans son mobilier. On eût en vain cherché une glace convenable dans son appartement de l'Evêché ; impossible d'en trouver, sinon un morceau brisé, dans un coin. Sauf le décorum strictement nécessaire pour recevoir les visites, rien de superflu. Une simple armoire, dépôt de souvenirs de famille et d'objets légués par Monseigneur d'Arbou et Monseigneur Hiraboure, un lit en fer, quelques chaises, quelques livres dans une petite bibliothèque, tel était l'ameublement de sa chambre à coucher ; le christ de 1792, cher souvenir de son héroïque aïeule, deux tableaux saint Pierre en pleurs et l'Ecce Homo, une image de Marie, enfin un médaillon renfermant les cheveux d'une sœur bien-aimée, ajoutaient comme une austérité de plus à cette cellule de cénobite.

Que manque-t-il donc à cet homme pour que l'auréole des saints brille sur son front, que lui manque-t-il ? Sont-ce des miracles qui aient illustré sa vie ? Mais nous ignorons les faveurs obtenues par ses prières. Sont-ce des miracles qui aient glorifié son tombeau ? Rien ne nous empêche de l'invoquer en notre particulier. Aussi bien, que de grands saints, non canonisés par l'Eglise, auxquels Dieu, par d'impénétrables secrets, n'a pas accordé la gloire d'opérer des prodiges !

CHAPITRE XVIII

DÉVOUEMENT POUR MONSEIGNEUR LACROIX — LES DERNIERS MOMENTS — LES FUNÉRAILLES. — SON TOMBEAU.

Plusieurs fois durant sa longue vie, un mal cruel avait réduit M. Franchistéguy à la dernière extrémité. Néanmoins, sa santé, raffermie depuis quelques années, semblait lui promettre encore de nombreux jours. Ange gardien de Monseigneur Lacroix « le poste de dévouement que son cœur avait choisi et qu'il reprenait, chaque jour depuis quatre ans, avec une si attentive et si touchante sollicitude[1] » demandait de lui des allées et venues continuelles qui contribuèrent à une amélioration sensible dans son état maladif. Son âme trouvait une douce satisfaction à entourer de soins ce vieillard de 90 ans, l'ancien du sacerdoce, naguère son Evêque, désarmé enfin et vaincu par l'âge et la maladie. C'était de la part de M. Franchistéguy toujours le même respect et, en plus, un sentiment de filiale compassion. Il nous semble encore le voir, notre saint Vicaire-Général, en ce jour où frappé par une crise soudaine, Monseigneur

[1] Lettre circulaire de Monseigneur l'Evêque.

Lacroix reçut les derniers sacrements. Agenouillé près du malade, les larmes aux yeux, sa blanche tête appuyée sur ses mains suppliantes, de quelle ferveur ne priait-il pas pour celui qui paraissait devoir le quitter! Quel déchirement n'éprouva pas son cœur, lorsqu'il embrassa son Evêque, son ami qui lui faisait ses suprêmes adieux! Monseigneur Lacroix se remit, mais dès lors fut incapable de célébrer la sainte Messe. De ce jour M. Franchistéguy offrit le sacrifice divin dans l'oratoire de *l'Espérance*, communiant le vieillard de sa main. Pensait-il qu'il précéderait le pauvre malade dans la tombe, le pensait-il, le soir, alors que fatigué des travaux de la journée, il revenait, tout pensif, murmurant une prière ou lisant de pieux récits. veiller encore une nuit sur ce patriarche vénéré?

Le retour du soir fut pour lui la cause d'une des plus vives émotions qu'il ait eues pendant sa vie. Tandis qu'une nuit d'hiver il se rendait auprès de son vieil Évêque, il entendit, non loin du cimetière, ces paroles menaçantes: « La bourse ou la vie! » Le pauvre prêtre répondit: « Voici tout ce que j'ai, mon ami; s'il vous faut davantage, venez à l'Espérance. » Le malfaiteur accepta la somme et disparut. Le bruit de cette aggression nocturne se répandit en ville. La police envoya ses agents auprès de M. Franchistéguy pour savoir la vérité. Il se contenta de dire: « Ce n'était rien. On ne m'a pas fait de mal. » Cependant depuis ce jour, il se fit accompagner.

Il racontait plus volontiers le trait d'un cœur reconnaissant. Quelque temps après sa fâcheuse rencontre, n'ayant point son habituel compagnon de route, il revenait seul à l'Espérance. Il voit sur les glacis un groupe d'hommes et de ce groupe un ouvrier qui se détache, va droit à lui, et lui dit poliment: « M. l'abbé, voulez-vous me permettre de vous accompagner? » Peu rassuré, M. Franchistéguy le remercie : « Non, mon ami, j'arriverai avant la nuit. » L'inconnu insiste. « Ce sera pour moi une faveur. C'est un acte de reconnaissance que j'accomplis, car vous m'avez secouru quand j'étais malheureux. » Et il raconte ses misères d'autrefois et les bontés du saint prêtre. On arrive ainsi à l'Espérance : « Et maintenant, que vous faut-il, mon ami ? » — « Maintenant nous sommes heureux, M. le grand Vicaire. Je n'ai voulu que vous prouver ma profonde gratitude. .....»

La mort après tant d'illustres victimes, a appelé Monseigneur Lacroix dans le sein de Dieu [1]. Sa vie qui ne la connaît ? La longévité de son Episcopat si fécond en œuvres durables a été magistralement glorifiée et dans le mandement de Monseigneur Ducellier, son vénéré successeur, et dans l'oraison funèbre prononcée, au jour de son dernier triomphe par Monseigneur de Langalerie, notre illustre métropolitain. « C'était un homme simple et droit, craignant Dieu, et détestant le mal [2]. » « Il est mort dans une belle vieillesse, plein de jours, de richesses et de gloire [3], laissant une mémoire en bénédiction [4]. » Son esprit de foi, sa piété, son amour de Dieu, nul ne l'aurait pu mieux attester que M. Franchistéguy qui l'avait si souvent assisté au saint autel, qui, jusqu'au dernier jour, l'aida à réciter l'office, vivant près de lui comme le meilleur des fils auprès du meilleur des pères. Mais hélas ! nous ne pouvons plus l'interroger ; il l'a précédé dans la tombe, donnant raison, ce semble, à ces paroles exquises : « Les âmes qui ont été plus intimement unies sur la terre ont parfois le pouvoir de s'attirer d'un monde à l'autre pour recommencer ensemble une existence meilleure. » Le bon vieillard était tellement habi-

[1] 11 Octobre 1882.
[2] Job.
[3] Par. 19. 28.
[4] Eccles. 45. 1

tué aux visites et filiales attentions de son ancien secrétaire, qu'il le réclamait encore bien souvent après sa mort. Il l'appelait, il le demandait à son fidèle serviteur ; et c'est l'enfant qui a eu la dernière parole en appelant lui-même au Ciel son vénéré père[1]... Restez encore quelques jours sur la terre, ô saint Evêque, votre fils chéri va vous enseigner la route du Ciel !

La mort de M. Menjoulet, collègue et ami de M. Franchistéguy, décédé le 13 juillet dernier, laissa dans son âme une grande tristesse et un pressentiment. Déjà quelques mois auparavant, il disait à un ecclésiastique: « Ah ! priez, priez pour que notre vieillesse ne vienne pas à défaillir ! » A son âge, le saint redoutait faiblesses et chutes ! Quand le compagnon de ses travaux eut quitté la terre, avec plus d'insistance, il se recommandait aux âmes pieuses. Dans la dernière tournée pastorale du pays basque, il fit visite à une famille, se recommandant aux prières et affirmant qu'on ne le reverrait plus. Vingt jours avant sa mort, il disait à un prêtre. « Laissez-moi vous embrasser, mon ami, parce qu'à notre âge nous pouvons mourir tout d'un coup ! » « Priez pour mon âme, priez spécialement à mon intention, mon enfant » c'était l'incessante exhortation qu'il adressait à ses pénitentes. « Vous êtes un saint, lui répondit-on une fois, vous n'avez pas besoin de prières. » « Hélas ! je suis un saint, je suis un saint, murmura-t-il tristement. Personne ne priera donc, après ma mort, pour le repos de mon âme ! » Ces paroles, ces pressentiments ne semblent-ils pas être une prophétie ?

Rien cependant ne faisait prévoir une prochaine catastrophe. Le samedi, 19 août, fut, pour ainsi parler, la der-

[1] Tout cet alinéa est emprunté presque textuellement au Mandement de Monseigneur Ducellier et à l'oraison funèbre de Monseigneur l'archevêque d'Auch.

nière effusion de sa vie. La nuit précédente avait cependant été mauvaise, et il lui fut impossible de dire la messe en ce jour si désiré. Il eut du moins le suprême bonheur de donner la bénédiction nuptiale à un neveu qu'il entoura toujours de ses sollicitudes. Peut-on dire que ce fut le chant du cygne, cette allocution paternelle, forte et chaude, discours émouvant où sa parole écrite disparut sous les accents qui jaillirent de son cœur joyeux ? Quel triste et doux souvenir à la fois pour les époux ! On a pieusement recueilli ces derniers conseils, comme si l'on avait soupçonné le terrible dénouement. comme si l'on avait pressenti les coups de la mort ! [1]

Maintenant que tout va finir, nous voudrions raconter le détail des quatre jours que M. Franchistéguy avait encore à passer sur la terre. On verrait comme l'ange de la mort murmurant à son oreille l'annonce d'un prochain adieu aux choses d'ici-bas ; on verrait chaque action de ces heures qui précèdent la tombe s'accomplir, si c'est possible, avec plus de foi et avec plus d'amour.

Après l'allocution faite aux époux, M. le Grand-Vicaire pâlit, très-fatigué ; seule, la joie d'avoir rendu deux âmes heureuses soutenait son courage. Le dimanche s'écoula calme, sans fâcheux pronostic, et le lundi le trouva confessant plusieurs heures de suite ; sur le soir, il fit sa visite habituelle des malades. A le voir parcourir les rues de Bayonne sous une pluie battante, on eût dit d'un vieillard qui promettait encore longue vie. La soirée fut bonne. Soudain dans la nuit une crise terrible le jette aux portes du tombeau. On accourt, on prodigue les soins : rien n'y fait, le mal empire toujours. Nous savons, qu'après avoir contemplé d'un long regard sa vie passée, M. Franchistéguy accepta la mort, recommandant alors son âme au Seigneur. Il sentait que la flamme de sa vie allait s'éteignant. Son esprit re-

[1] V. le discours de mariage à l'appendice.

monta vers Dieu ; il s'humilia profondément de toutes les imperfections de sa pauvre nature. A ce moment son sacrifice était fait ; il voulut se confesser et reçut la sainte communion.

Il y eut cependant une lueur d'espoir et un instant l'on crut apercevoir une amélioration sensible.

A la nouvelle de ce mal imprévu, Bayonne est dans l'angoisse ; on s'intéresse vivement à cette existence précieuse et, pour parler le langage du jour, le bulletin de sa santé vole de bouche en bouche.

Les soins, avons-nous dit, ne lui firent pas défaut. Les religieuses, sa vénérable sœur, Ernest, le fidèle serviteur de Monseigneur Lacroix, s'empressaient autour du malade. Dieu satisfait de leur dévouement allait exiger de leur cœur un pénible sacrifice.

Tandis que la douleur brisait ce corps chétif, on put contempler la patience angélique de notre saint. Jamais plainte ne sortit de sa bouche, jamais murmure de découragement. « C'est fini, disait-il au commencement, c'est fini. Mais que Dieu est bon d'avoir voulu que mon dernier acte ait été une bénédiction pour notre famille ! » A ceux qui lui demandaient si le mal était violent, il répondait qu'il ne souffrait guère. « Voulez-vous, lui dit-on, que nous priions Dieu d'adoucir vos souffrances et de vous guérir ? » « Non, non, merci » répondait le vieillard, ou bien « J'accepte. Que la volonté de Dieu soit faite ! La volonté de Dieu ! La volonté de Dieu ! » Il n'avait garde de se priver des mérites d'une horrible souffrance patiemment supportée. La douleur ne pouvait tenir sa langue captive et sa parole, même alors, « allait s'éteignant dans le murmure de la prière. »

Incapable de réciter l'office, il voulut du moins l'écouter et demanda en grâce à un jeune prêtre de le lui lire à haute voix ; il s'unissait ainsi de cœur aux publiques supplications de l'Église.

Le mal empirait toujours. Au mieux d'un instant avait succédé une atroce fièvre qui menaçait de l'emporter ; il conservait entière la lucidité de sa raison.

Le vendredi, à cinq heures du matin, le malade se rappelle une ombre de dissentiment qui le divise avec une personne de la ville. Il fait appeler cet homme, et lui qui n'a aucun tort assurément, demande qu'on lui pardonne sa vivacité. Pour gage d'amitié et de réconciliation, il donne le baiser de paix fraternelle. Quel abaissement ! Et aux yeux de la foi, quelle noble grandeur !

Les ombres de la nuit s'étaient dissipées réservant au jour qui se levait des tristesses pour la terre, et au Ciel les joies de la mort d'un bienheureux. C'était le 25 août, jour que son cœur aimait, parce qu'il lui rappelait saint Louis, le roi et le protecteur de notre chère France. C'était le vendredi, jour où l'on célèbre et la Passion d'un Dieu et les tendresses méconnues du Cœur de Jésus. Comme le divin Maître, le disciple va terminer son sacrifice en un jour consacré aux douleurs.

Dix heures du matin furent le moment choisi pour l'administration solennelle des derniers sacrements : hélas ! les hâtes de la mort seront plus rapides.

Sur les sept heures, rien ne laissait pressentir un proche dénouement ; il y avait même, semblait-il, comme un calme relatif qui permettait aux personnes dévouées à son service un éloignement momentané. Bien plus, le malade lui-même se berçant d'illusions croyait à un retour à la vie. Non, il ne s'est pas vu mourir. Dieu voulait-il, à son heure dernière, lui épargner les angoisses qui toujours le tourmentèrent à la pensée de la mort et du jugement ?... Tout le monde se retira laissant le bien-aimé prêtre en conversation avec son Dieu. Il fallait préparer une solennelle réception à Notre-Seigneur venant visiter son fidèle serviteur pour la dernière fois. Vers sept heures et demie, une religieuse ayant affaire entre dans la chambre du malade. Celui-ci qui avait désiré une consultation, demande si le médecin est arrivé. Son visage était blême et baigné d'une sueur froide, ses lèvres décolorées ; tout à coup son regard se ranime ; il promène un œil hagard autour de lui, et avec la plus vive expression de terreur, il s'écrie par deux fois : « Priez ! priez beaucoup ! » Ce furent ses dernières paroles [1], il était mort. Il était âgé de 73 ans, deux mois et vingt-six jours...

Il est mort sans recevoir les sacrements, lui qui recommandait si vivement le suprême viatique, force et soutien dans le redoutable passage de l'éternité ; il est mort seul, lui si soigneux pour les malades, objet lui-même de tant de sollicitudes ; il est mort seul, donnant son dernier souffle à son Seigneur, sans un prêtre pour murmurer une prière, sans une main amie pour lui fermer les yeux. Que les desseins de Dieu sont impénétrables !

Cette nouvelle arrivant à Bayonne fut un coup de foudre pour ses nombreux amis. On ne pouvait croire à une mort si rapide ; on va aux informations : le malheur n'était que trop réel. Sur toutes les lèvres, on entend cet éloge funèbre: Le saint est mort !

Revêtu des habits sacerdotaux, le corps fut aussitôt exposé à la vénération des fidèles. On vit alors comme une procession qui dura deux jours entiers. Prosternés près de cette couche funèbre, non pour prier, mais pour invoquer

[1] Nous maintenons cette version, bien qu'on lise dans un médaillon placé sur la pierre tombale : « Mon Dieu que votre volonté soit faite ! — dernières paroles de M. Franchistéguy. » C'était l'habituelle exclamation du saint malade, ce ne fut pas la dernière.

le saint dont l'âme venait de s'envoler vers les Cieux, tous versaient d'abondantes larmes, pleurant un père et un ami. Nous en connaissons qui n'eurent pas le courage de venir contempler une dernière fois cette douce figure, cœurs inconsolables qui dans les solitudes d'un oratoire offraient à Dieu leurs pleurs et leurs gémissements. On ne pouvait croire qu'elle eût besoin de suffrages cette chère âme, si tendre pour son Jésus. Et déjà se réalisait la crainte qu'il exprimait durant sa vie : « Je suis un saint ! Hélas ! personne ne priera donc pour moi après ma mort ? » Les fidèles se disaient : « Ne vaut-il pas mieux l'implorer dans sa gloire que de prier pour sa délivrance ? »

Monseigneur l'Évêque était absent. Sa Grandeur ne put arriver à l'Espérance que le dimanche soir. Le vénéré vieillard n'était plus exposé sur son lit de repos. Couchée dans la bière, la sainte dépouille ne laissait plus voir ces mains consacrées qui purifièrent tant de coupables, ni cet angélique visage qui avait illuminé tant d'âmes, ni cette bouche dont la parole ardente avait remué et converti les pécheurs. De M. Franchistéguy, il ne restait qu'un corps froid et sans vie, déjà enveloppé de son suaire. Qui nous dira l'émotion, les regrets de notre Pasteur, priant, se plaignant presque au Ciel de n'avoir pu avec le dernier soupir recevoir la dernière bénédiction de son Vicaire-Général ? . . . .

. . . .

Le lundi matin, sonnant le glas lugubre, le bourdon de la Cathédrale annonçait les funérailles du saint prêtre. Le cercueil transporté de l'Espérance avait été déposé à la rue des Prébendés où devait se faire la levée du corps. Dès l'aube, les rues avoisinantes avaient revêtu comme une physionomie de tristesse profonde. On allait par groupes réciter encore une prière près du cercueil. Quelques cierges jetant leurs blafardes lueurs sur cette bière, une couronn d'immortelles, symbole de la bienheureuse vie où rien ne finit, une couronne de blanches roses, symbole de la virginité de son cœur, un prêtre en pleurs et en prière, des hommes agenouillés, des femmes adressant leurs suprêmes recommandations, tout faisait de cette scène un spectacle qui saisissait l'âme.

Quant l'heure fut venue des obsèques solennelles, on put contempler en un glorieux cortége tout ce que Bayonne et le Diocèse ont de plus honorable. « La douloureuse émotion qui accueillit la nouvelle inopinée de sa mort, le concert de louanges qui s'est élevé de toute part, les témoignages de sympathie et de regrets [1] » s'affirmèrent encore en ce long défilé de religieux et de religieuses de tout Ordre « en cet immense concours de prêtres et de fidèles qui s'est produit autour de sa dépouille mortelle donnant à de modestes funérailles les proportions d'un deuil public [2]. » MM. Labat et Plantié, députés de l'arrondissement, avaient tenu à donner par leur présence un témoignage public de leurs sympathies à l'homme qui, sans partager les mêmes opinions, n'avait jamais cessé de leur offrir l'hommage de sa respectueuse déférence. Tous les partis s'étaient confondus autour de ce cercueil ; on eût dit d'un Roi escorté par ses sujets éplorés à sa dernière demeure. C'était un vrai triomphe.

Après avoir traversé les rues Neuve, des Prébendés, Deluc, et d'Espagne, le cortége entra dans la Cathédrale, trop étroite pour contenir la foule qui se pressait dans ses nefs. Les cœurs étaient tristes ; un sombre ciel, une pluie continue, rendaient encore plus triste le funèbre convoi.

1 Lettre circulaire de Monseigneur l'Evêque.
2 Ibid.

L'office des morts fut chanté par un chœur de 150 prêtres ; M. l'abbé Inchauspé son collégue et son ami célébra la sainte messe et Monseigneur donna l'absoute : l'émotion était générale. Bien des larmes coulèrent quand, sous les voûtes, retentit le solennel souhait que l'Église, douce mère, fait à ses chers défunts :

Requiescat in pace!
Qu'il repose en paix !

Bientôt le cortége reprenant sa marche funèbre conduisait le saint Vicaire-Général au lugubre champ des morts où son humaine dépouille attend la résurrection à venir.

« Que les anges de Dieu aient introduit au plus tôt dans la gloire et le repos du Paradis cette âme sacerdotale qui a été pour tant d'autres âmes l'instrument des divines miséricordes[1] ! » . . . .
. . . .

Bien modeste est encore sa tombe : nulle inscription sur la pierre nue. La sépulture est adossée au mur qui longe la route d'Espagne, à peu près au milieu de l'allée. On y voit un petit médaillon contenant des fleurs blanches et des noms déjà presque effacés. Deux couronnes de fleurs violettes symbolisent l'humilité du saint prêtre ; l'une d'elles est renfermée dans une boîte vitrée où on lit ces paroles : « Mon Dieu que votre volonté soit faite ! — dernières paroles de M. Franchistéguy. » Un monument plus digne apprendra bientôt au passant où repose celui qui vécut sur la terre en faisant le bien. Nous pourrons nous y agenouiller, renouer des liens qui paraissent rompus et qui existent encore, puiser en face du livre de la mort des consolations que sa vie nous donna si souvent !

[1] Lettre circulaire de Monseigneur l'Evêque.

ÉPILOGUE.

Oui, maintenant que cette âme sainte a disparu de notre vallée de larmes, maintenant qu'elle n'est plus là pour nous donner conseil et force, maintenant qu'elle habite une éternelle gloire, gardons de son passage ici-bas et de ses nombreux bienfaits un pieux souvenir et une douce reconnaissance. Imitons-la surtout en aimant comme elle « les grandes choses qui peuvent faire battre un cœur de chrétien et de prêtre : Dieu, l'Église, le Pape, les Pauvres [1]. » Défendons les droits de Dieu si méconnus en nos jours mauvais ; consolons les douleurs de l'Église, notre mère, si indignement outragée ; écoutons la voix de Pierre parlant par Léon XIII notre infaillible guide ; secourons les pauvres, nos frères en Jésus-Christ ; faisons de nos rapides années « une belle et sainte vie, vie de travail et de bonnes œuvres, d'édification et de zèle vraiment apostolique, » vie semblable à celle qui vient de s'éteindre. Que si nos cœurs sont parfois tristes, si le malheur vient abattre nos pauvres âmes, s'il nous faut gémir et pleurer, offrant à Jésus nos peines amères et nos sacrifices, nous aurons du moins la douce joie d'expirer entre les bras de notre Sauveur et de

[1] Lettre circulaire de monseigneur l'Evêque.

recevoir la récompense due à nos douleurs chrétiennement supportées.

O Prêtre saint, vous qui fûtes, si souvent pour les âmes, une lumière dans les ténèbres de la vie, des Cieux où vos mérites vous ont appelé, étendez sur nous votre bienveillante protection. Protégez, protégez ceux que vous avez laissés sur la terre. Priez pour l'Évêque qui pleura sur votre tombeau, priez pour le clergé de ce diocèse, prêtres que vous avez tant aimés, priez pour la France, votre patrie si chère, priez pour nous tous !

Ah ! venez consoler notre heure dernière afin qu'en nous aussi se réalise la parole de l'Apôtre bien-aimé : « *Beati mortui qui in Domino moriuntur*. Bienheureux les morts qui meurent dans le Seigneur [1] ! »

A. M. D. G.

[1] Apoc. 14. 13.

APPENDICES.

I

GÉNÉALOGIE DE M. FRANCHISTÉGUY (LIGNE MATERNELLE).

En 1701, Jean Sourrourt, héritier de Mounista quartier de Celhaya épouse à Hasparren Jeanne d'Espiaute de Greciette. Quatre filles naquirent de cette union.

En 1735, l'une d'elles Marie, héritière de Mounista épouse Bernard de Villeneuve négociant de St Palais établi à Hasparren depuis 1730. Veuf sans enfants, celui-ci se remaria en 1747 avec Elisabeth Berhouet. Ils eurent cinq enfants. En 1765 leur fils aîné Domingo épouse Marie d'Etchegoyen, cadette d'Eyheraberria. Il naquit de ce mariage cinq enfants dont l'une fut Jeanne-Marie née le 23 septembre 1775.

En 1803, celle-ci épouse Jean-Baptiste Franchistéguy, négociant, né à Iholdy le 25 novembre 1782, fils de J.-B. Franchistéguy avocat au Parlement et de Marie Larréguy. Ils eurent treize enfants dont l'un J. B. Fulgence Franchistéguy, né le 31 mai 1809.

1701 *Jean Sourrourt et Jeanne d'Espiaute.*

Marie.

1735 *Marie Sourrourt et Bernard de Villeneuve* (*veuf en* 1745).

1747 *Bernard de Villeneuve et Elizabeth Berhouet.*

Dominique.

1765 *Dominique de Villeneuve et Marie d'Etchegoyen.*

Jeanne-Marie.

1803 *Jeanne-Marie de Villeneuve et Jean-Baptiste Franchistéguy.*

Fulgence (1809-1882).

II

EXTRAIT DES REGISTRES DE BAPTÊME DE HASPARREN.

FULGENCE FRANCHISTÉGUY

« Ce mercredy trente unième jour du « mois de Mai de l'an mil huit cent neuf, « je, vicaire soussigné, ai baptisé Ful- « gence, né le même jour du légitime « mariage de Jean-Baptiste Franchis- « téguy et de Jeanne-Marie Villeneuve « Mes de Mounorenia. Les parrain et « marraine en ont été Jean-Baptiste « Villeneuve et Dominica Franchistéguy « oncle paternel et tante maternelle de « l'enfant qui ont cy signé avec moi. »

Signé : Etcheberry vicaire, Jean-Baptiste Villeneuve, Dominica Franchistéguy Jean-Pierre Deyhéralde, Durruty.

Pour copie conforme,

LONDAITSBÉHÈRE

Curé.

Hasparren, le 20 novembre 1882.

III

PALMARÈS DU PETIT-SÉMINAIRE DE LARRESSORE.

18 août 1824

Classe de Quatrième

Professeur M. Haramboure

F. FRANCHISTÉGUY. *Diligence.* — 2e Prix.
Excellence. — 1er Accessit.
Thème latin. — 3e Accessit.
Version latine. — 4e Accessit.
Vers. — 3e Accessit.

Ecriture

Professeur : M. LARRONDE.

1re SECTION. — 4e Accessit.

—

31 août 1825

Classe de Troisième

Diligence. — 1er Prix.
Excellence. — 1er Accessit.
Thème latin. — 2e Accessit.
Version latine. — 2e Accessit.
Version grecque. — 1er Accessit.
Vers élégiaques (?) — 3e Accessit.
Histoire. — 1er Accessit.
Géographie. — Prix.

—

23 août 1826

Classe de Seconde

Professeur M. Haramboure

Diligence. — 1er Prix.
Excellence. — 2e Accessit.
Narration latine. — 4e Accessit.
Narration française. — 3e Accessit.
Version latine. — 4e Accessit.
Version grecque. — Prix.
Vers latins. — 3e Accessit.

—

23 août 1827

RHÉTORIQUE

Professeur M. Hiraboure

Diligence. — 1er Prix.
Excellence. — 1er Prix.
Discours français. — 1er Accessit.
Discours latin. — 1er Accessit.
Version latine. — Prix.
Version grecque. — Prix.
Vers latins. — 1er Accessit.

—

Professeurs en 1827

Rhétorique : MM. HIRABOURE.
Seconde : LABADIE.
Troisième : DUVOISIN.
Quatrième : LANDERETCHE.
Cinquième : LABORDE.
Sixième : COUROULEAU.
Septième : . . . .
Huitième : DIHARCE.
Mathématiques : CESTAC.

—

18

Mathématiques : Professeur M. FRANCHISTÉGUY.

—

IV

DISCOURS PRONONCÉ PAR M. L'ABBÉ FRANCHISTÉGUY, LE 19 AOUT 1882, AU MARIAGE DE MONSIEUR LOYSEAU, SON NEVEU, ET DE MADEMOISELLE GARAY.

Bien chers enfants,

Vous me permettrez de vous donner désormais ce nom, à tous les deux ; il n'en est pas qui résonne mieux à mon oreille, il n'en est pas de plus doux à mon cœur.

Si bonnes, si légitimes, si pures, si saintes que soient les joies d'ici-bas, joies de l'exil, il n'en est pas, il ne peut y en avoir sans quelque mélange d'amertume. Pour vous, chers enfants, en ce jour où se lève cette radieuse aurore de la plus douce, de la plus sainte union, et pour nous tous, vos parents et vos amis, si intéressés à votre bonheur, la peine, l'amertume, l'ombre ici du plus délicieux tableau, c'est l'absence de cette autre mère, tristement retenue loin de cette fête de famille ; c'est le sacrifice que le Souverain Maître lui impose, vous impose, chers enfants, nous impose à tous, en la privant de cette heure bénie, objet pour elle et pour tous des vœux les plus ardents.

Mais, n'en doutons pas, ce sacrifice si chrétiennement accepté et offert, Dieu le voit, il en recueille, je ne dis pas la plainte, non, de plainte jamais ! mais le regret résigné, comme un parfum d'holocauste, pour en répandre sur vous la grâce et la bénédiction.

Vous me pardonnerez de donner ici à cette mère vénérable, si vénérée, si aimée, la première place dans nos paroles et dans nos cœurs.

Me voici à vous, chers enfants. Je vous vois l'un et l'autre, et ce n'est pas sans une vive émotion, profondément recueillis au pied de cet autel, entourés comme d'une couronne d'honneur et de protection, de vos respectables parents, de vos meilleurs amis, eux aussi, émus et recueillis comme vous.

Après vous être choisis sous le regard du doux Maître, souverain arbitre de nos destinées, sous le souffle de sa grâce, et, à l'heure voulue de son aimable Providence, pour passer ensemble les jours du pèlerinage, traverser le désert de la vie, en vous appuyant l'un sur l'autre avec douceur et avec force, dans une ravissante harmonie de pensées, de sentiments, de principes, de convictions et de pratique religieuse, vous demandez à Dieu, à Jésus-Christ qui, élevant cette institution primitive à la dignité la plus haute, a voulu lui imprimer un nouveau et plus auguste caractère, en faire un sacrement de la Loi évangélique, de la Loi d'amour ; vous demandez à l'Église catholique, continuation, personnification vivante de Notre-Seigneur Jésus-Christ son divin fondateur, à cette Mère divine, si méconnue de nos jours, dont vous êtes heureux et fiers, tous deux, d'être les enfants fidèles et dévoués, vous demandez d'agréer, de ratifier, de bénir votre choix et vos vœux, de sceller vos serments.

Ministre de cette Église sainte, nonobstant notre faiblesse, représentant de Jésus-Christ, établi, sacré par Dieu lui-même homme de la prière, du sacrifice et des bénédictions, nous sommes heureux, vous n'en doutez pas, chers enfants, de nous associer à vos prières, à vos joies, à vos espérances, heureux, bienheureux de notre mission, de la part qui nous est faite en ce moment. Nous en remercions Dieu d'abord, de toute l'effusion de notre cœur; nous remercions aussi son premier lieutenant ici, le bon pasteur de la paroisse, notre si vénéré confrère et honorable ami, de nous permettre, encore et toujours avec tant de bienveillance et d'intelligence de cœur, d'être le ministre du Sacrement et le dispensateur du saint Mystère.

Cette bénédiction, cette consécration des alliances chrétiennes est assurément une des plus solennelles fonctions de notre saint ministère; mais, ce qui sera toujours aux yeux du prêtre un si auguste, un si grand devoir, devient pour son cœur la plus douce des consolations, lorsque, dans ceux qu'il bénit, il rencontre ceux qu'il aime, ceux qu'il a le droit et le devoir de tant aimer.

Oh! qu'elle sera douce, qu'elle sera précieuse cette bénédiction nuptiale pour vous, chers enfants, qui la désirez, qui la demandez avec la foi la plus vive et la plus grande confiance, pour tous les cœurs qui l'accompagnent de leurs meilleurs vœux, pour nous qui sommes si heureux de la donner! Puissent nos prières unies aux prières d'autres cœurs amis et dévoués, vous assurer l'espérance du bonheur! Tous ensemble, sourions à l'avenir dans la sainte fête du présent!

N'est-ce pas ici une de ces unions sacrées à laquelle Dieu, dans son amour, prodigue les gages les plus solides de félicité? Cette union, c'est le don mutuel de deux âmes en qui une foi éclairée, une piété, une religion bien comprises, — foi, piété, religion nées, pour ainsi dire, en elles par la vertu divine avec le sang qu'elles ont reçu — embellissent, comme un rayon du ciel, les grâces de la jeunesse. De vous, mes chers enfants, il m'est permis de parler ainsi.

De vous d'abord, mon bien cher Adolphe, legs sacré de la tendresse, de la sollicitude religieuse d'une sainte mère, la plus aimée des sœurs, qui, partant pour le Ciel d'où elle vous bénit en ce moment, vous déposa sur notre cœur de frère et de prêtre! Oui, de vous, cher enfant, que les rapports les plus suivis et les témoignages constants de piété filiale ont si intimement révélé à mon cœur de père adoptif.

De vous aussi, j'ai hâte de le dire, jeune chrétienne. Echo des témoignages les plus autorisés, je sais et j'ai senti tout d'abord que cette parole divine, parole de bonté et de sollicitude paternelle pour l'homme, parole de respect et d'honneur pour la femme, prononcée par le Seigneur, à l'origine : « *Il n'est pas bon que l'homme soit seul; faisons-lui une aide, une compagne qui lui ressemble,* » j'ai senti tout d'abord que cette parole divine trouve ici sa fidèle application : intelligence belle, cœur aimant, porté vers ce qui est grand, impérissable, divin, cœur capable de se dévouer et d'entraîner dans ses tendresses cet autre cœur témoin de tous ses dévouements!

C'est Dieu, chers enfants, qui à l'avance discernait et préparait vos deux âmes, l'une pour l'autre. C'est lui qui, le jour venu, les rapprochait par une disposition suave de sa Providence. Il leur avait donné ces secrètes conformités qui font naître la sympathie. Il avait mis en elles je ne sais quelle fibre délicate et réservée qui ne devait s'éveiller saintement qu'à l'heure propice. Entre temps, les familles respectives priaient, elles priaient avec ferveur, disant à Dieu dans le secret de leur tendresse : « Parlez, Seigneur, manifestez vos desseins d'amour. » Vous-mêmes, les premiers intéressés, chers enfants, vous priiez aussi, vous faisiez monter au Ciel vos saints désirs, ne voulant recevoir que de la main divine l'appui consolateur de vos années d'exil, et le soutien de votre marche vers la véritable Patrie.

N'est-ce pas là votre histoire que je viens de raconter? Oui, chers enfants, c'est Dieu qui vous a choisis et conduits par la main, au pied de cet autel où il vous attendait. C'est ici une de ces unions bénies et décrétées au Ciel avant de l'être sur la terre.

Nous l'espérons avec confiance : et pourquoi ?

Il nous est doux et bien doux de vous le dire, chers enfants, et nous devons ce témoignage aux sentiments qui vous animent. Elevés l'un et l'autre par le cœur de l'Église catholique, vous avez compris de bonne heure, sans l'oublier jamais, que vous êtes les enfants des saints, appelés vous-mêmes à devenir des saints. Et dans l'âge des illusions et des périls, dans un temps certes où les piéges et les séductions ne manquent pas, vous avez su garder à Dieu, à Jésus-Christ, à l'Église, un cœur fidèle, généreux, dévoué.

Si nous ne craignons pas, chers enfants, en un tel lieu, en un tel moment de parler ainsi, de reconnaître vos mérites, vos vertus, c'est pour vous rappeler ce que vous savez: que tous les dons viennent de Dieu, mais à la condition de retourner à Dieu ; que noblesse du sang chrétien, foi, piété, richesse de l'intelligence, trésors du cœur, obligent. Plus on a reçu, plus on doit. Dieu ne vous a distingués dans ses faveurs, que pour vous imposer l'obligation rigoureuse de vous distinguer dans son service par votre application au devoir. C'est aussi pour vous inspirer tout ensemble une profonde reconnaissance pour le passé, de nobles, de saintes résolutions pour l'avenir.

Et à l'heure présente, à cette heure si décisive dans toute vie chrétienne, vous êtes éclairés par une foi, héréditaire dans vos familles ; vous savez et croyez fermement, vous êtes heureux de croire que c'est ici, non point une convention vulgaire, profane, moins encore une simple formalité, mais une alliance *sainte*, *honorable*, un contrat, le plus obligatoire de tous les contrats, dans lequel Dieu intervient de la manière la plus éclatante, car le témoin de ce contrat si grave, si sérieux, c'est Dieu lui-même ; la force, la sauvegarde de ce contrat, c'est Dieu encore.

Une alliance sainte, solennelle, indissoluble, dans laquelle, sous le regard de Dieu, deux époux chrétiens s'engagent au pied de l'autel du sacrifice par les promesses et les serments les plus sacrés, à s'estimer, à se respecter, à s'aimer, à se dévouer, à s'immoler l'un à l'autre, toujours, sans jamais se lasser, quelles que soient les épreuves, les peines, les déceptions même, inévitables dans les unions les plus bénies, une alliance ainsi formée, est bien comme l'enseigne l'Eglise, un grand sacrement dont les fins sont sublimes. Oui, c'est ici l'association, la coopération, de par Dieu, avec Dieu, pour Dieu, à l'œuvre admirable de la création, à l'œuvre plus admirable encore de la réparation, l'image de la fécondité surnaturelle de Jésus-Christ et de son Église.

Mais vous croyez que vous ne serez pas seuls à porter cette dignité avec honneur, à porter avec courage et mérite la grande et redoutable charge qu'elle vous impose ; vous croyez avec confiance que dans cet auguste sacrement le Sang libérateur et vivifiant de Notre-Seigneur Jésus-Christ est là, que ce Sang divin va couler dans vos âmes pour les transfigurer, pour y déposer cette force surnaturelle, ces saintes énergies de foi, de charité, de dévouement chrétien, d'héroïsme au besoin, nécessaires dans tous les temps, mais plus nécessaires encore à l'heure présente, pour vous donner le bonheur de vivre tant que dureront les jours de l'épreuve et de l'exil, attachés, rivés l'un à l'autre par l'amour le plus pur et le plus invincible, amour qui, loin de se refroidir, grandira, s'élèvera, se ravivera dans la mesure des épreuves et des difficultés.

Oui, vous croyez et comprenez ces saintes choses, convaincus que si de nos jours la famille s'abaisse, s'étiole, se meurt, et partant si la société, dont la famille est le fondement, oscille chancelante et menace de s'effondrer, c'est parce que Jésus-Christ, vie nécessaire de toute famille, n'entre point ou n'entre pas assez complètement dans les familles d'aujourd'hui pour les bénir, les défendre et les perpétuer.

Vous vous êtes donnés à Jésus-Christ, avant de vous donner l'un à l'autre. Oh ! que vous avez saintement agi ! Aussi, ce Dieu Sauveur illuminera vos intelligences, embrasera vos cœurs de divines ardeurs, tout le long de votre vie. Dès aujourd'hui il vous aime et vous bénit.

Ah ! unissez donc avec confiance, bien chers enfants, vos mains et vos cœurs ainsi purifiés, ainsi transfigurés par la grâce. Offrez, donnez avec un sentiment religieux, le consentement qui vous enchaînera à jamais l'un à l'autre dans *Jésus-Christ adoré*, *aimé*, *glorifié*, et continuez à adorer ensemble, à aimer, à servir ensemble le même Jésus-Christ qui va recevoir vos protestations et bénir votre union.

Voilà les motifs pour lesquels nous sourions tous à l'avenir ; notre espérance se réalisera. Oui, nous espérons, bien cher Adolphe, que cette chrétienne, cette compagne d'élite que Dieu vous réservait dans ses trésors trouvera dans la fermeté de vos principes et la vigueur de votre foi, dans l'élévation et la richesse de votre cœur, un guide sûr, un protecteur, un ami tendre et fidèle, un époux, en un mot, tel qu'il le faut à sa piété. Vous l'entourerez de vos soins les plus affectueux, vous la dirigerez avec douceur ; elle sentira chaque jour et à chaque heure du jour, combien il est doux de dépendre de celui qu'on aime et de qui on est aimé ; et par vos témoignages d'estime, de respect et d'amour, vous ajouterez, s'il est possible, à la tendresse de son cœur, au bonheur de sa vie, au bonheur et à la reconnaissance de ses parents si dignes.

De vous, bien chère enfant, nous espérons aussi — et comment ne pas espérer ? — que, mise par Dieu lui-même, comme une tendresse sainte, une inspiration religieuse, un repos dans la peine, un dévouement sans fin, sur ce cœur que son Amour vous gardait, nous espérons que, fidèle aux élans de cette piété qui a sanctifié, embaumé les jours de votre enfance et de votre jeunesse, vous aimerez votre époux comme l'Église aime Jésus-Christ, toujours attentive, ingénieuse, empressée à prévenir ses désirs, à partager ses joies et ses peines, à lui prodiguer toutes les délicatesses d'un inaltérable amour. Dieu le veut ; vous le voulez aussi, chère enfant.

Oui, heureux époux, nous espérons qu'entrant ainsi saintement dans le sublime état du mariage, votre foyer, partout où Dieu le placera, sera sans cesse éclairé des lumières du Ciel et débordera de la joie du Seigneur ; que par vous, auxiliaires généreux et dévoués du Dieu Sauveur, se continuera une de ces familles de *bonne trempe*, sanctuaire auguste qui aura souci d'une éducation vraiment chrétienne. Sur la terre, il n'est pas de puissance qui, sans sacrilége, sans la plus coupable des usurpations, puisse vous ravir ce droit ; l'enseignement chrétien est le seul obligatoire parce que seul il élève. Vous ne l'oublierez pas, à l'heure venue ! Vous serez une consolation pour l'Eglise !

Tels sont nos vœux et nos espérances. Mais, ô mon

Dieu, que peuvent nos vœux et nos espérances, si vous ne daignez les agréer, les ratifier, les bénir, les féconder vous-même ? Abaissez donc et reposez en ce moment vos regards les plus affectueux et les plus paternels sur ces époux qui nous sont si chers.

Leurs cœurs pleins d'une émotion profonde espèrent en vous avec confiance. Autour d'eux leurs parents, leurs amis, ranimant tout ce qu'ils sentent de foi, de piété, d'affection, font monter vers vous l'unanime concert de leurs vœux, de leurs prières.

Et nous, Seigneur, vos ministres, malgré notre faiblesse, nous vous le demandons aussi avec confiance. Oui, ô divin Jésus, parlez par notre bouche, bénissez par notre main, faites votre œuvre jusqu'à la fin, dans une alliance préparée par vous, formée sous vos auspices, selon votre sainte volonté. Oui, répandez, Seigneur, sur ces deux cœurs, si bien faits l'un pour l'autre, la richesse de votre grâce, l'abondance de vos bénédictions. Oui, qu'ils soient heureux, heureux ici-bas du seul bonheur possible dans l'exil, heureux l'un par l'autre ! Que leurs familles soient heureuses de leur bonheur ! Qu'ils soient heureux pour le bien qu'ils accompliront, pour les maux qu'ils soulageront, par les saints exemples qu'ils ne cesseront de donner ; heureux aussi, pendant de longues années, dans l'exil ; heureux encore après l'exil ; qu'ils ne se séparent un moment que pour se retrouver, se reconnaître, s'aimer, toujours en vous, ô mon Jésus, comme on s'aime dans le Ciel.

C'est là, bien chers enfants, le vœu le plus ardent de mon cœur ; c'est le vœu que le vénéré pasteur de la paroisse, l'ami si dévoué de vos familles, votre bon père, va déposer avec confiance, sur le Cœur, foyer de lumière et d'amour, de la grande Victime qu'il va offrir pour vous.

C'est le vœu de tous ceux qui vous entourent.

Et vous, ô Marie, notre si bonne et si tendre Mère, bénissez aussi ces chers enfants ; ils sont à vous, toujours ils vous furent dévoués ; plus que jamais ils espèrent en vous, plus que jamais soyez-leur dévouée et secourable ! Montrez-vous leur Mère, soyez sans cesse à leurs côtés, conduisez leurs pas, épurez leurs sentiments, rendez-les aujourd'hui, rendez-les toujours, dignes de votre divin Fils et de vous !

FIN

TABLE DES MATIÈRES.

FIN DE LA TABLE

www.ingramcontent.com/pod-product-compliance
Ingram Content Group UK Ltd.
Pitfield, Milton Keynes, MK11 3LW, UK
UKHW020144220726
13923UKWH00001B/356